Natur
auf dem Teller

Natur auf dem Teller

Weil Pizza und Pommes nicht auf Bäumen wachsen

Text, Illustration und Gestaltung:
Lisa Voisard · www.lisavoisard.ch

Übersetzung aus dem Französischen: Silv Bannenberg
Lektorat: Myriam Sauter
Korrektorat: Ulrike Ebenritter

ISBN: 978-3-03964-064-5
Erste Auflage: August 2024
Hinterlegung eines Pflichtexemplars in der Schweiz: August 2024
Gedruckt in Lettland

FSC www.fsc.org MIX Papier | Fördert gute Waldnutzung FSC® C008322

Mittlere Straße 4
CH-4056 Basel, Schweiz

Der Verlag HELVETIQ wird vom Bundesamt für Kultur mit einem Strukturbeitrag für die Jahre 2021–2025 unterstützt.

HELVETIQ helvetiq.com

Teil der Kollektion draußen

Die Kollektion *draußen* lädt zum Entdecken der Natur ein.

Lisa Voisard

Natur auf dem Teller

Weil Pizza und Pommes nicht auf Bäumen wachsen

Aus dem Französischen
von Silv Bannenberg

Inhaltsverzeichnis

Dein Magen knurrt? Er zeigt dir, dass du Hunger hast! Damit du genug Energie hast, musst du den ganzen Tag über regelmäßig essen. Das ist ein lebenswichtiges Bedürfnis, beschert uns aber auch Momente des Teilens und Genießens! Mancher Geschmack lässt uns reisen, manch anderer tröstet uns oder weckt Erinnerungen.

Doch bevor du jetzt in eine Erdbeere beißt: Weißt du eigentlich, wie sie gewachsen ist? Hast du schon mal Brokkoli in einem Gemüsegarten gesehen? Wachsen Kiwis wirklich an Lianen? Wie verwandelt sich eine bittere Kakaobohne in köstliche Schokolade? Und wer hat das Popcorn erfunden?

Sei ruhig neugierig! Es ist wichtig zu wissen, was man isst.

Wir haben großes Glück, dass die Natur eine riesige Auswahl an Geschmacksrichtungen und Farben für uns bereithält. Geben wir also auf unseren Planeten acht – und auf unser Essen und damit auf unseren Körper!

Alle an einem Tisch

Ob bei einer Familienfeier, einem Geburtstag oder einem alltäglichen Abendessen – sich um einen Tisch zu versammeln und leckere Speisen zu teilen, bringt uns einander näher!

Kleine Pflanze, wachse!

Ein sehr großer Teil dessen, was wir jeden Tag essen, kommt aus der Erde. Bevor man Brot backen kann, muss man Weizen ernten. Bevor man Schokolade herstellen kann, müssen Kakaobäume angebaut werden. Bevor man Marmelade machen kann, muss man Beeren pflücken. Zum Glück gibt es so viele verschiedene Pflanzen, denn wir brauchen eine abwechslungsreiche Ernährung!

Wasser

Die Wurzeln nehmen Wasser und Nährstoffe aus dem Boden auf. Der Pflanzensaft trägt beides bis in die Blätter und die Blüten.

Erde und Platz

Pflanzen brauchen einen nahrhaften und gesunden Boden, wo sie Wurzeln schlagen und Nährstoffe ziehen können. Und sie brauchen Platz, damit sie gut gedeihen.

Licht

Dank der Sonne und eines Prozesses, den man »Fotosynthese« nennt, können Pflanzen Glukose (Traubenzucker) produzieren, die sie zum Leben brauchen.

Luft

Pflanzen brauchen den Kohlenstoff in der Luft, um Glukose herzustellen und Sauerstoff zu lösen. Wenn sie atmen, bauen sie die Glukose ab und setzen so Energie frei.

Wie wächst das alles?

Artischocken

Wir essen den Blütenstand der Pflanze, der ganz am Ende eines bis über einen Meter hohen Stängels wächst.

Ananas

Bevor man sie für den Verkauf abschneidet, wächst die Ananas inmitten von Blättern auf einem langen Stiel.

Rosenkohl

Dicht an dicht wachsen die Rosenkohl-Knospen an einem Blütenstiel.

Kiwis

Kiwis wachsen an sehr langen Lianen. Jede Kiwi hängt an einem Stiel.

Erdnüsse

Die Erdnuss ist eine 20 bis 90 cm große Pflanze. Die Früchte entwickeln sich als Schoten unter der Erde und enthalten zumeist zwei Samen: Das sind die Erdnüsse!

Brokkoli

Der essbare Teil der Brokkoli-Pflanze ist ihr Blütenstand. Als Brokkoli essen wir also eine Menge sehr eng stehender Blümchen.

Rosenkohl riecht stark
und kann bitter schmecken.

Salat hat manchmal
eine seltsame
Konsistenz.

Bäh, das schmeckt nicht!

Manche Lebensmittel lassen uns das Gesicht verziehen, weil sie unangenehm schmecken oder eine seltsame Konsistenz haben ...

Spinat sieht
nicht immer sehr
appetitlich aus.

Endivien sind ganz
besonders bitter.

Für manche Menschen schmeckt **Koriander** nach Seife. Die Wissenschaft hat herausgefunden, dass das genetisch bedingt sein kann.

Durch köstliche, zartschmelzende **Schokolade** wird ein Glückshormon ausgeschüttet.

Süße **Karotten** sind das Lieblingsgemüse von Kindern.

Mmmm, das schmeckt gut!

Süße, salzige, milde oder fettige Lebensmittel zu mögen, ist nicht schwer ... Sie aktivieren Glückshormone in unserem Gehirn.

Eine süße, saftige **Erdbeere** ist einfach köstlich.

Eine Mischung aus kalt und süß – **Eis** lässt alle dahinschmelzen!

Bei fettigen, salzigen **Pommes** kann man kaum aufhören zu essen!

Geschmack und Farbe

Welche Nahrungsmittel magst du und welche nicht? Kannst du erklären, warum?

Die Banane

Sie ist in jedem Supermarkt zu finden: eine gelbe, längliche Frucht, die kleine braune Flecken bekommt, wenn sie richtig reif ist. Die Banane gehört zu den meistexportierten und meistkonsumierten Obstsorten weltweit, obwohl sie nur auf der südlichen Erdhalbkugel wächst.

Bananen wachsen in »Büscheln«. So nennt man ihren Fruchtstand.

Blüte

Bananenstauden sind keine Bäume, weil sie kein Holz bilden. Sie gehören wie die Palmen zu den krautartigen Pflanzen.

Das Wort »Banane« kommt vom arabischen *banan*, das »Finger« bedeutet. Sind mehrere Bananen miteinander verbunden, spricht man von einer »Hand«.

Wie herum schält man eine Banane?

Meistens schälen wir Bananen, indem wir an ihrem Stiel ziehen. Dabei ist es viel praktischer, sie von der anderen Seite zu öffnen. So machen es auch die Affen!

Eine große Familie

Eine blaue Banane!?

Die Blaue Java ist wirklich blau – und schmeckt noch dazu nach Vanille-Eis! Angebaut wird sie in Südasien.

Ganz wild nach Bananen

Bei Bananen denken viele zuerst an Affen. Sie werden aber auch von vielen anderen Tieren gefressen, zum Beispiel von Eichhörnchen, Fledermäusen und Vögeln. Ein Tier allerdings bricht alle Rekorde: der Elefant! Er vertilgt ganze Bananen-Büschel. Einige in Gefangenschaft lebende Elefanten haben sogar gelernt, Bananen zu schälen.

»Ich hab die Banane«

Der französische Ausdruck *avoir la banane* bedeutet »gute Laune haben« – und das nicht ohne Grund: Bananen enthalten eine Aminosäure, die im Gehirn in das Glückshormon Serotonin umgewandelt wird.

Bananen-Ketchup

Auf den Philippinen ist es üblich, Gerichte mit Bananen-Ketchup zu verfeinern.

Das ist Kunst!

2019 schuf der Künstler Maurizio Cattelan ein Werk mit dem Titel *Comedian*, das aus einer mit Klebeband an einer Wand befestigten echten Banane bestand. Das Werk rief viel Spott hervor. Doch in der Kunst ist alles möglich – und sie ist dazu da, Reaktionen und Gefühle auszulösen!

Die Orange

Die kugelförmige Frucht mit rauer Schale wird seit über 2000 Jahren verzehrt. Orangen sind überaus beliebt – egal, ob sie Schnitz für Schnitz gegessen oder zu Saft ausgepresst werden.

Eine Kreuzungsgeschichte

Die Zitrusfrüchte, die wir kennen, stammen fast alle aus verschiedenen genetischen Kreuzungen, die der Mensch im Laufe der Geschichte veranlasst hat.

Der Organenbaum

Er wird ungefähr 8 Meter hoch und wächst in Regionen mit warmem Klima. Die Orangenfrüchte werden im Herbst geerntet.

Frucht und Farbe

Mit dem Wort »Orange« wurde historisch zuerst die Frucht und dann erst die Farbe bezeichnet.

Eine Orange unterm Tannenbaum

Wer bis ungefähr 1960 zu Weihnachten eine Orange bekam, konnte sich glücklich schätzen! Orangen zu beschaffen war damals gar nicht so leicht, und sie galten als Symbol für Reichtum.

Eine große Produktion

Brasilien produziert weltweit am meisten Orangen, gefolgt von China, Indien und den USA. In Europa ist Spanien der größte Produzent.

Der Star unter den Säften

Orangensaft bringt Schwung ins Frühstück, weil er so reich an Vitamin C ist. 75 % aller weltweit angebauten Orangen werden zu Saft gepresst. Normalerweise sind für einen Liter Saft zwischen 10 und 15 Orangen nötig!

Was steht auf der Verpackung?

Wenn »Direktsaft« auf der Verpackung steht, wurden die Orangen ausgepresst und ihr Saft pasteurisiert, um ihn haltbar zu machen. »Aus Orangensaftkonzentrat« bedeutet, dass den Orangen ihre Flüssigkeit teilweise entzogen wurde, um Produktion und Transport zu erleichtern. Auf diese Weise gehen zwar einige Nährstoffe verloren, dennoch sind beide Saftarten sehr gesund. Am wichtigsten ist es, darauf zu achten, dass dem Saft keine chemischen Zusätze oder Zucker beigefügt wurden.

Die Zitrone

Eine wohlbekannte Zitrusfrucht ist die Zitrone. Ihr saures Aroma weckt die Geschmacksknospen und peppt Speisen auf! Die Zitrone wird auf allen Kontinenten angebaut und in allen Kulturen verzehrt.

Die Limette

Die Limette ist nicht etwa eine unreife Zitrone, sondern tatsächlich eine Art für sich.

Der Zitronenfalter

Manche gelblichen Tiere tragen die Zitrone im Namen, wie der Zitronenfalter oder der Zitronenhai.

Ganz schön produktiv!

Der Zitronenbaum ist ein Strauch, der 3 bis 5 Meter hoch wird und das ganze Jahr über Früchte trägt.

Hurra, es ist eine Zitrone!

Im Januar 2023 wurde in Israel die größte Zitrone der Welt geerntet. Sie wog 5,265 kg, war 35 cm lang und hatte einen Durchmesser von 74 cm.

Törtchen

Kuchen

Limonade

Ägyptische Limonade

Im Alten Ägypten gab es ein Erfrischungsgetränk aus Gerste, Minze und Zitronenbaumblättern – die antike Version unserer heutigen Limonade!

Ravioli

Sorbet

Die Erdbeere

Ab Mai dringt ein berauschender Duft in unsere Nase, wenn wir an Marktständen vorbeischlendern. Die Erdbeeren sind da! Knallrot und saftig warten sie nur darauf, dass wir sie verspeisen!

Vitaminreich

Wer hätte das gedacht? Ein Kilogramm Erdbeeren enthält mehr Vitamin C als ein Kilogramm Orangen!

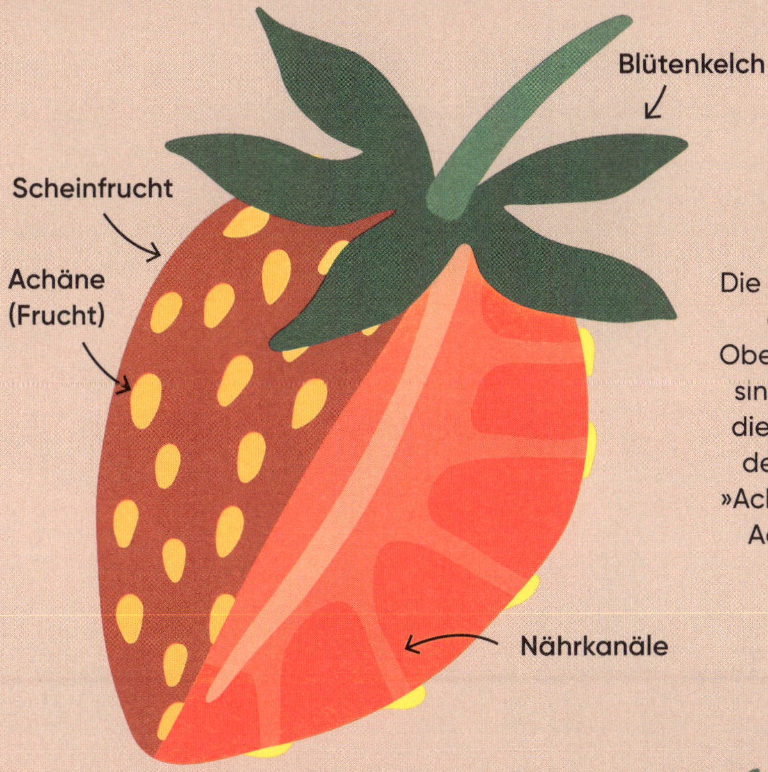

Viele Früchte in einer

Die kleinen gelben Punkte auf der fleischigen Oberfläche der Erdbeeren sind botanisch gesehen die eigentlichen Früchte der Pflanze. Sie heißen »Achänen«. Jede einzelne Achäne enthält einen winzigen Samen.

Erstaunlich: weiße Erdbeeren!

Es gibt eine weiße Erdbeersorte mit roten Samen. Sie kommt ursprünglich aus Chile und wird Ananas-Erdbeere genannt, da sie ein bisschen wie dieses Obst schmeckt.

Konfitüre oder Gelee?

Weltweit werden Fruchtaufstriche aus Erdbeeren am liebsten zum Frühstück gegessen. Konfitüre wird aus pürierten und mit Zucker eingekochten Früchten hergestellt, während Gelee aus mit Zucker und Geliermittel gekochtem Fruchtsaft gemacht wird.

Selber ernten macht Spaß!

Manche Erdbeerbäuerinnen und -bauern bieten an, dass man selbst auf ihre Felder kommen kann, um Erdbeeren zu pflücken. Bevor man wieder geht, wiegt und bezahlt man seine Ernte.

Selbstgemacht schmeckt's am besten!

Kochen lernst du mit der Zeit, indem du vieles ausprobierst. Eins ist sicher: Zu essen, was du selbst gekocht hast, macht immer ein bisschen stolz! Außerdem ist es oft günstiger und nachhaltiger.

Der Apfel

Der Apfel kommt ursprünglich aus Zentralasien und ist ein wahrer Star unter den Früchten, da er sich für viele Rezepte eignet. Sauer, mild oder süß – für jeden Geschmack ist etwas dabei!

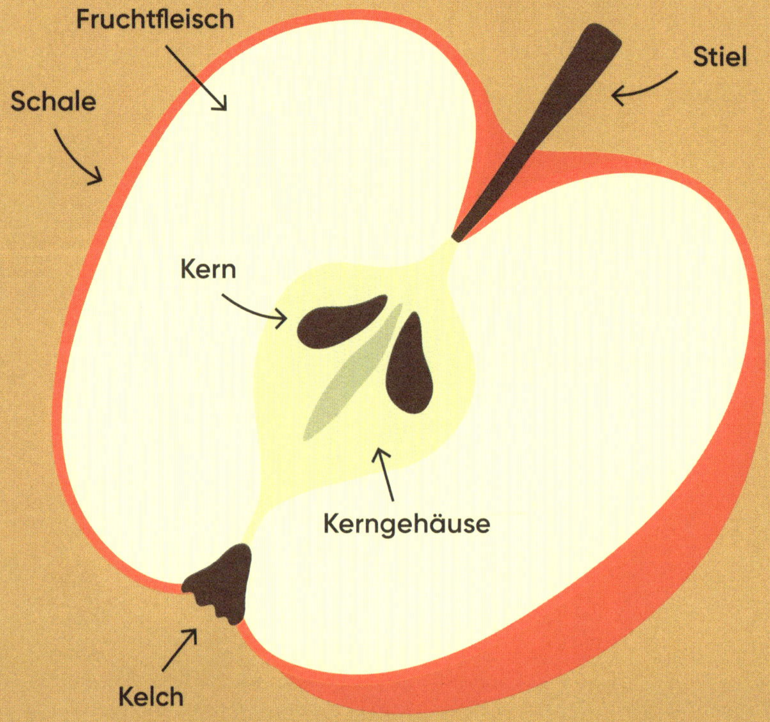

Gut gekühlt

Während man sich beim Kirschen- und Erdbeerenessen beeilen muss, lassen sich Äpfel mehrere Monate aufbewahren. Man braucht sie bloß vor Licht geschützt und im Kühlen aufzubewahren, zum Beispiel in Kisten im Keller.

Farbenvielfalt

Apfel und Rose – Cousin und Cousine!

Apfelbäume sind mit Rosenstöcken verwandt, denn beide gehören zur Familie der Rosengewächse. Deshalb sehen die Blütenknospen von Apfelbäumen aus wie kleine Rosen.

Reifungshilfe

Äpfel verströmen ein Gas namens »Ethylen«. Legt man Äpfel zusammen mit anderem Obst in eine Schale, lässt dieses Gas das Obst schneller reifen. Das ist vor allem bei solchen Früchten so, die nach dem Pflücken noch weiterreifen – zum Beispiel bei Zitronen, Kiwis, Avocados und Birnen. Will man vermeiden, dass diese Früchte schnell reifen, sollte man Äpfel getrennt von ihnen aufbewahren.

Äpfel sind sooo lecker!

Getrocknet, als Saft oder im Kuchen – der Apfel ist ein saftiges Obst, das man auf vielfältige Weise zubereiten kann.

Pilze

Weder Tier noch Gemüse: Aufgrund ihres Zellaufbaus bilden Pilze einen Bereich für sich.

Der Fliegenpilz ist giftig, den darf man nicht essen!

Essbar oder giftig?

Einige Pilze sind köstlich und sehr verträglich, andere hingegen giftig oder gar tödlich! Man sollte nie ohne eine Person, die sich damit auskennt, zum Pilzesammeln aufbrechen.

Die Tomate

Ihr saftiges Fruchtfleisch und ihr sommerlicher Geschmack sind beliebt – ob gekocht oder roh, im Salat oder als Sauce. Die ersten Tomaten wurden im 16. Jahrhundert von Südamerika nach Europa gebracht.

Stängel und Blätter der Tomatenpflanze sind von kurzen Härchen überzogen und riechen stark nach ... Tomate.

Von der Blüte zur Frucht

Eine große Familie

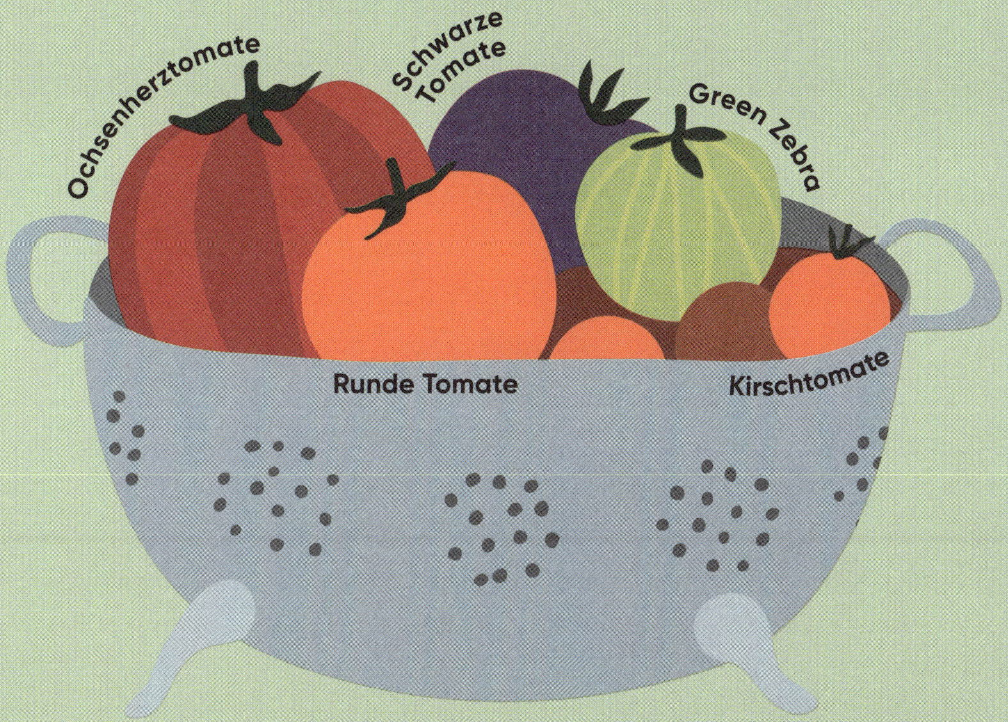

Eine berühmte Sauce

Tomatensauce ist die beliebteste Sauce für Pasta. Und Ketchup, das eher süße Tomatenpüree, ist beim Fast Food die Nummer eins! Die ersten Spuren dieses Würzmittels tauchen um 1800 herum in Kochbüchern auf.

Ein goldener Apfel

Bei ihrer Ankunft in Italien taufte man die Tomate 1554 in Neapel *pomodoro*, was »goldener Apfel« bedeutet. Es ist davon auszugehen, dass die ersten importierten Tomaten gelb waren!

Obst oder Gemüse?

Aus botanischer Sicht ist die Tomate ein Obst (wie übrigens fast alle fleischigen und samenhaltigen Gemüse!), aber als Gemüse wird sie vor allem deshalb eingeordnet, weil sie eine Zutat für deftige Gerichte ist.

Ketchup selber machen

1. Püriere 4 große Fleischtomaten (zum Beispiel Ochsenherztomaten) und gib sie in einen Topf.
2. Füge 2 Esslöffel Essig, 2 Esslöffel Agavensirup (oder Zucker), 2 Teelöffel Paprikapulver, ½ Teelöffel Salz und ½ Teelöffel Muskat hinzu.
3. Lass die Mischung auf kleiner Flamme 20 Minuten unter ständigem Rühren köcheln. Zur Seite stellen und abkühlen lassen.
4. Serviere dein Ketchup in einer kleinen Schale und bewahre es im Kühlschrank auf.

Pizza

Umfragen zufolge ist Pizza das beliebteste Essen von Jung und Alt. Ob auf einer lauschigen Terrasse oder beim Sportschauen mit Freundinnen und Freunden, ob selbstgemacht oder vom Lieferservice – Pizza lässt sich immer gut essen.

Wortursprung

»Pizza« könnte vom griechischen Wort *pita* stammen, das »Fladen« bedeutet. Vielleicht geht es auch auf das lateinische Wort *pinsa* zurück, das von *pinsere*, also »platt drücken«, kommt.

Und was kommt auf deine Pizza?

Vielleicht ist die Pizza deshalb so beliebt, weil man sie mit seinen Lieblingszutaten belegen kann. Oder weil man sie mit der Hand essen kann. Oder weil in einem einzigen Bissen so viele Geschmacksrichtungen stecken …

Beliebte Zutaten

Eine Pizza für die Königin

Der Legende nach soll die italienische Königin Margherita di Savoia 1889 Neapel besucht haben. Der Pizzabäcker Raffaele Esposito erhielt den Auftrag, Pizza für sie zuzubereiten, und bot ihr drei Varianten an. Diejenige in den italienischen Landesfarben mochte sie am liebsten: frisches Basilikum – grün, Mozzarella – weiß, Tomatensauce – rot. Deshalb taufte der Pizzabäcker diese Variante »Margherita«. Noch heute ist das die bekannteste und meistverkaufte Pizza (obwohl das Basilikum meist vergessen wird!).

Fliegender Teig

Manche Pizzabäcker sind richtige Akrobaten und lassen den Teig über ihren Köpfen durch die Luft fliegen. Das hält nicht nur die Kundschaft im Restaurant bei Laune, sondern dient auch dazu, den Teig aufzulockern und schön rund werden zu lassen. In Italien gibt es Schulen und sogar Wettbewerbe für Pizzaakrobaten!

Dick oder dünn?

Italienische Pizza wird normalerweise mit sehr dünnem Teig gemacht, amerikanische dagegen mit eher dickerem.

Ananas auf der Pizza?

Über Pizza Hawaii lässt sich streiten! Manche lieben sie – und für andere stellt sie eine Beleidigung der traditionellen Pizza dar. Erfunden wurde diese Variante übrigens in Kanada und nicht auf Hawaii! Wer hätte das gedacht?

Vorsicht, heiß!

Im Holzofen wird Pizza bei 400 °C gebacken und ist in weniger als einer Minute fertig!

Zwiebel und ...

Auf der ganzen Welt werden diese beiden Lauchgewächse am meisten gegessen. Ihr unverwechselbarer Geschmack verleiht vielen Gerichten das gewisse Etwas.

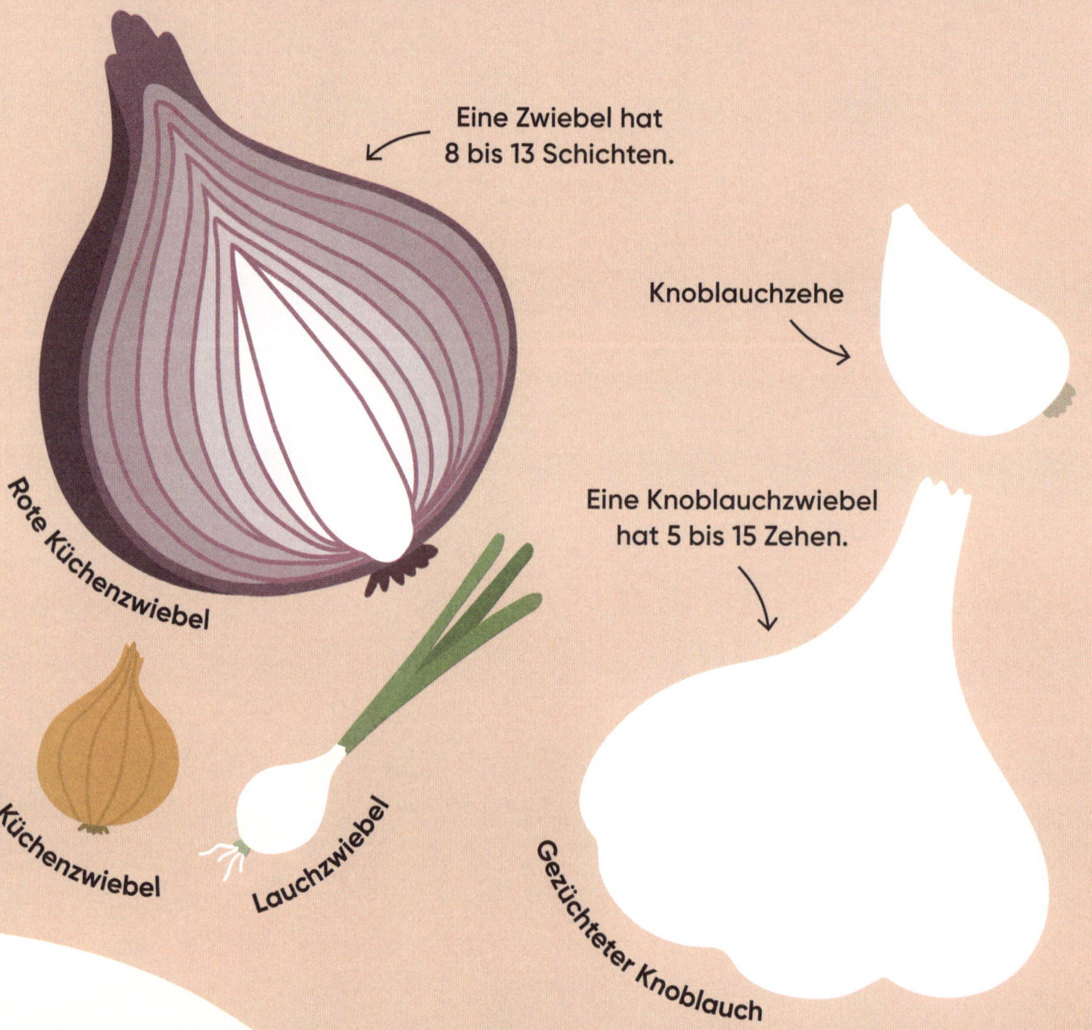

Brennt in den Augen!

Beim Zwiebelschneiden werden Gase freigesetzt, die im Kontakt mit unseren Augenschleimhäuten eine Säure bilden. Als Reaktion darauf tränen unsere Augen. Um dieses Problem zu vermeiden, kannst du die Zwiebel für 5 Minuten ins Eisfach legen, sie unter Wasser halten oder gar eine Schwimmbrille aufsetzen!

Knoblauch

Zwiebel und Knoblauch bilden unzählige Blümchen, die in einer Kugel angeordnet sind. Sie können weiß oder lila sein.

Tipp

Reib deine Finger an Stahl ab, um Zwiebel- oder Knoblauchgeruch loszuwerden.

Zwiebel und Knoblauch sind Pflanzen, deren *bulbus* wir essen. Das ist eine Art unterirdische Tasche, in der die Pflanze ihre Nährstoffe speichert.

Die Aubergine

Dieses ulkige Gemüse mit schwammähnlichem Fruchtfleisch kommt ursprünglich aus Südasien und hat keinen starken Eigengeschmack. Allerdings nimmt es beim Kochen das Aroma von Gewürzen leicht an. Am bekanntesten ist zwar die violette Aubergine, aber es gibt viele Varianten!

Eine große Familie

Wo wird sie angebaut?

Die Aubergine gedeiht auf allen Kontinenten, aber 93 % des Anbaus finden in Asien statt: China und Indien produzieren am meisten!

Eierpflanze

Auf Englisch heißt die Aubergine *eggplant* und auch auf Deutsch kann sie »Eierfrucht« genannt werden. Dieser Name kommt von einer weißen und ovalen Auberginensorte, die wie ein Hühnerei aussieht!

Die Karotte

Wenn es ein Gemüse gibt, das fast alle Kinder mögen, so ist es die Karotte! Mild und süß im Geschmack eignet sie sich für deftige Gerichte – Salate, Currys, Ragouts – ebenso wie für Süßes, zum Beispiel Karottenkuchen.

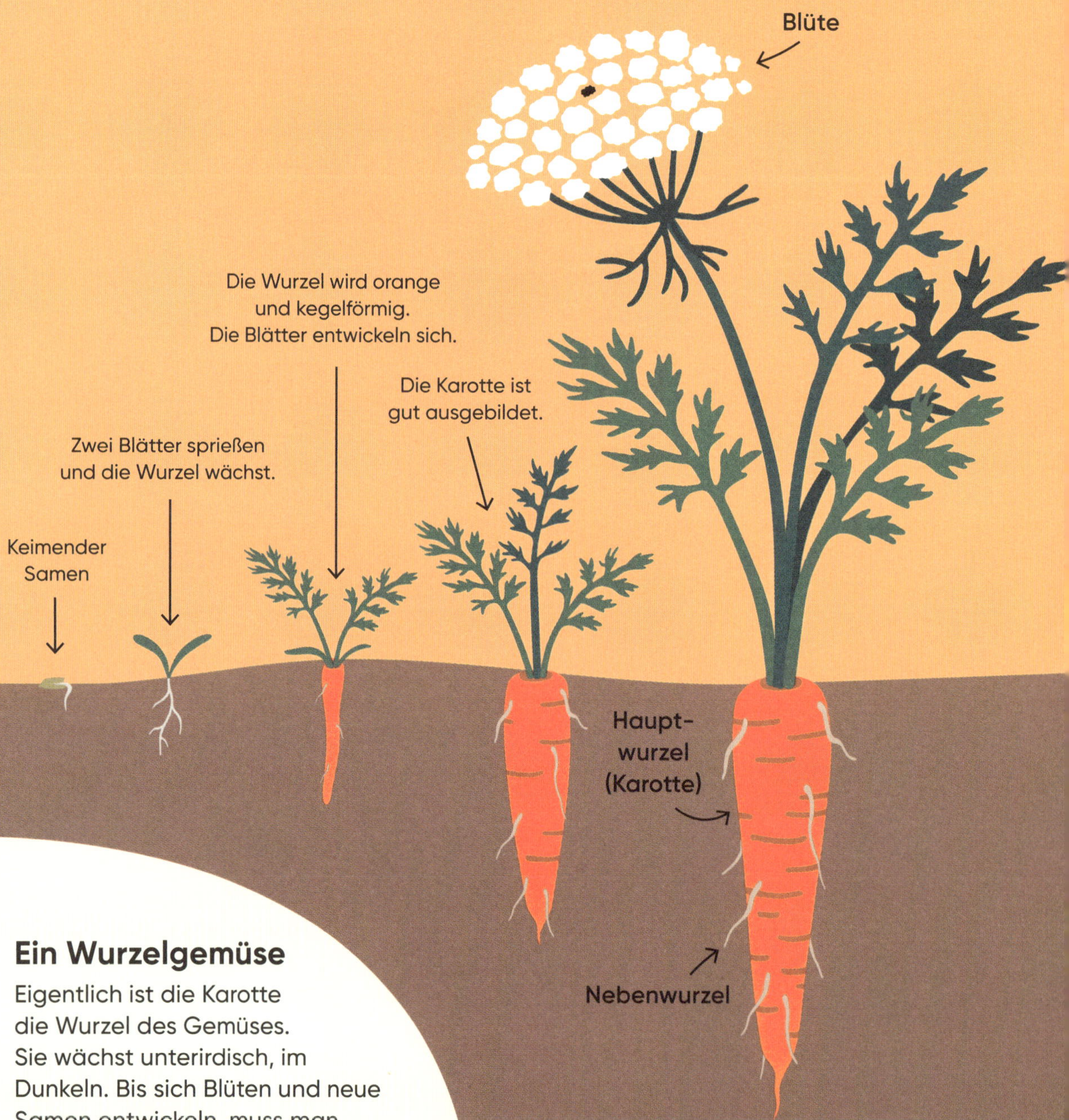

Ein Wurzelgemüse

Eigentlich ist die Karotte die Wurzel des Gemüses. Sie wächst unterirdisch, im Dunkeln. Bis sich Blüten und neue Samen entwickeln, muss man zwei Jahre warten.

Sind Möhren gut für die Augen?

Ja! Karotten sind reich an Vitamin A, und dieses Vitamin ist wichtig für eine gute Sehkraft – besonders im Dunkeln. Eine bereits vorhandene Sehstörung können sie aber leider nicht beheben.

Die Erfindung der orangen Karotte

Heutzutage ist die orange Karotte die am weitesten verbreitete. Das war jedoch nicht immer so! Der Legende nach sollen die Gärtner der mächtigen holländischen Familie Orange-Nassau sich im Jahr 1500 einen Spaß daraus gemacht haben, rote und gelbe Möhren zu kreuzen – und mit den erhaltenen orangen Karotten die Familie zu ehren. Noch heute ist die Farbe der Königsfamilie in Holland Orange.

Farbenvielfalt

Bucklige Möhren?

Meistens kaufen wir die schönsten Früchte und lassen die anderen liegen. Dabei schneiden wir doch alle klein und ihr ursprüngliches Aussehen spielt keine Rolle mehr. Nehmen wir also lieber das kleine und bucklige Gemüse, damit es am Ende nicht weggeworfen wird!

Auf dem Markt

Wer auf dem Markt einkauft, unterstützt die lokalen Bäuerinnen und Bauern direkt. Das tut auch dem Klima gut, denn auf dem Markt gibt es kaum Verpackungsmaterial, dafür aber viel saisonales Obst und Gemüse. Für den saisonalen Anbau wird weniger Energie verbraucht als für den Anbau in Gewächshäusern. Außerdem schmecken saisonale Früchte besser und haben mehr Vitamine!

DU BIST DRAN!

Alles essbar?

Manchmal werden die Schale oder andere Teile von Obst und Gemüse weggeworfen. Und das, obwohl genau diese ungenutzten Teile meist reich an Vitaminen sind.

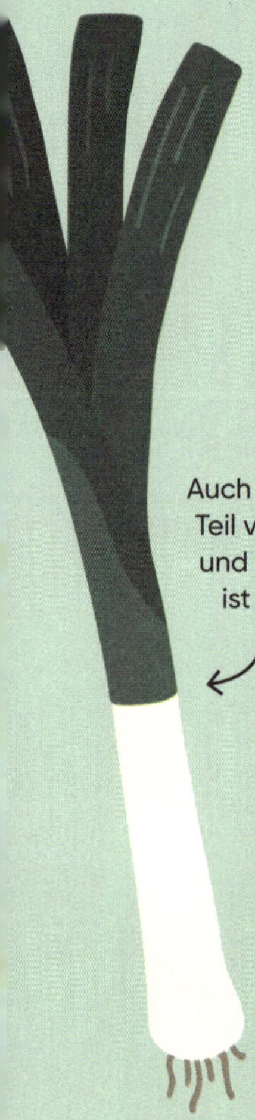

Im Ofen geröstete **Blumenkohlblätter** sind köstlich!

Auch der weiße Teil von **Lauch** und **Mangold** ist essbar.

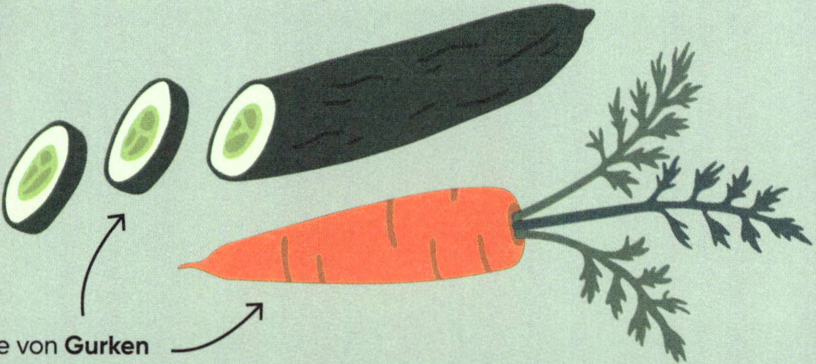

Die Schale von **Gurken** und **Karotten** ist besonders vitaminreich.

Der **Brokkoli**-Stiel ist sehr lecker!

Muss man Obst und Gemüse waschen?

Es kann sein, dass unser Obst und Gemüse mit Keimen oder chemischen Produkten in Kontakt kam (besonders, wenn es nicht aus biologischem Anbau ist). Deshalb ist es besser, es vor dem Verzehr zu waschen.

Was wird aus dem Bio-Müll?

Bio-Müll wird von speziellen Müllautos abgeholt. Als Kompost kann er landwirtschaftliche Flächen mit Nährstoffen versorgen oder zum Heizen von Häusern verwendet werden.

Pesto Anti-Tonne

1. Zerkleinere das Grünzeug deiner Karotten und Radieschen grob und gib es in den Mixer.

2. Gib 3 Suppenlöffel Nüsse und Kerne deiner Wahl hinzu, zum Beispiel Pinien-, Sonnenblumen- oder Cashewkerne ...

3. Das alles würzt du mit Olivenöl, Salz, einer Knoblauchzehe und dem Saft einer Zitrone.

4. Alles mixen – fertig!

Die Kartoffel

In Südamerika wird sie schon seit 10.000 Jahren angebaut.
Auf anderen Kontinenten wurde sie aber erst viel später,
nämlich zwischen 1500 und 1700, eingeführt.

Eine giftige Frucht

Die Blüten der Kartoffelpflanze verwandeln sich in eine Frucht, die einer kleinen Tomate ähnelt. Die darf man aber nicht essen, sie ist giftig!

Erdäpfel

Kartoffeln nennt man auch Erdäpfel. So wird klar, wo sie wachsen: unter der Erde. Kartoffeln sind also ein Knollengemüse und keine Früchte.

Wie süß!

Süßkartoffeln haben eine violette Schale und oranges Fleisch – und sie sind auch zarter und süßer als Kartoffeln. Die beiden Gemüse werden oft miteinander verglichen, gehören aber nicht zur selben Familie.

Wässrig

Eine Kartoffel besteht zu 80 % aus Wasser!

Kartoffeln im Weltall

1995 gelang es der Nasa, an Bord der Raumfähre Columbia Kartoffeln im Weltall anzubauen.

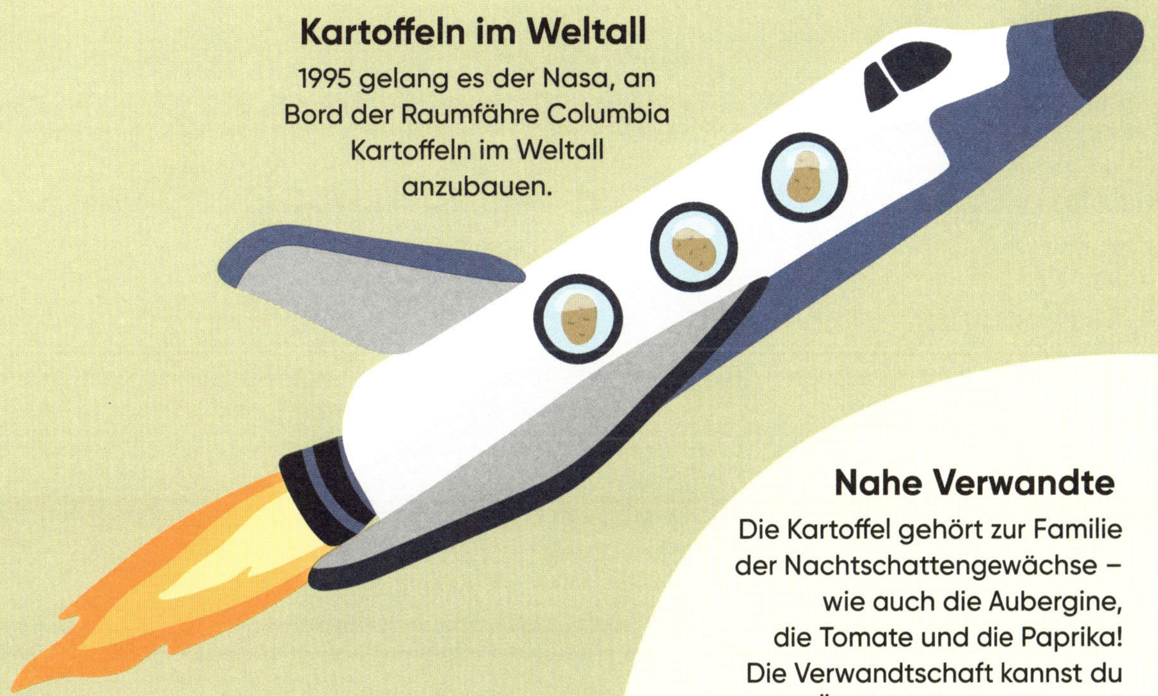

Nahe Verwandte

Die Kartoffel gehört zur Familie der Nachtschattengewächse – wie auch die Aubergine, die Tomate und die Paprika! Die Verwandtschaft kannst du an der Ähnlichkeit der Blüten all dieser Pflanzen erkennen.

Pommes

Sie sind salzig, knusprig und werden auf der ganzen Welt gegessen. Ob aus der Papiertüte oder vom Pappteller: Fritten sind die Königinnen des Fast Food!

Ein Erfolgsrezept

Um Pommes zu machen, braucht man nichts außer Kartoffeln, Öl und Salz. Sie werden auf der ganzen Welt zubereitet, denn es geht ganz einfach und kostet wenig. Außerdem kann man sie auf der Straße kaufen und mit den Fingern essen. Nichts leichter als das!

Aus Belgien oder aus Frankreich?

Gut möglich, dass die Belgier die Pommes erfunden haben. Meist frittierten sie zwar kleine Fische, aber als sie eines Tages keine gefangen hatten, wanderten stattdessen Kartoffelstäbchen ins Öl. Anderen Quellen zufolge sollen Pommes Ende des 18. Jahrhunderts am Ufer des Pariser Flusses Seine erfunden worden sein. Diese Pommes bestanden aus Kartoffelscheiben, aus denen schließlich Stäbchen wurden, weil das praktischer war.

Was für ein Wirrwarr!

Pommes heißen in den USA *french fries* und in England *chips*. In den USA nennt man Chips auch *chips*, aber in England *crisps*. Na, blickt ihr noch durch?

Pommes auf der ganzen Welt

Frankreich
Moules-frites

USA
Burger und Fritten

England
Fish & chips

Belgien
Pommes aus der Tüte

Kanada
Poutine

Chips

Sie krachen beim Draufbeißen und werden überall von allen geliebt! Wie kam es wohl, dass einfache Kartoffelscheiben dermaßen erfolgreich wurden?

Eine Packung Luft

Chipspackungen werden mit Stickstoff befüllt, damit die Chips nicht kaputtgehen. Das Gas verhindert auch, dass die Chips weich werden.

Wie viele Kartoffeln braucht man?

Für 1 kg Chips sind ungefähr 3 kg Kartoffeln nötig! Während des Frittierens verdunstet das in den Kartoffeln enthaltene Wasser, sodass sie zwei Drittel ihres Gewichts verlieren.

Tortilla-Chips
dreieckig und aus Mais

Eine zufällige Erfindung

1853 servierte der US-amerikanische Koch George Crum einem Gast frittierte Kartoffelscheiben. Sie waren dem Gast jedoch nicht dünn genug und er ließ seinen Teller gleich zweimal in die Küche zurückgehen. Der wütende Koch schnitt die Kartoffeln beim dritten Mal so dünn, dass sie total knusprig wurden. So könnten die ersten Chips entstanden sein, wobei es verschiedene Geschichten zu diesem Thema gibt.

Flips
mit Käse-, Erdnuss- oder Zwiebel-Geschmack

Chips aus Kartoffelpüreepulver
Sie haben alle die genau gleiche Form und sind in einer Papprӧhre verpackt.

Geriffelte Chips
In ihren Rillen bleibt das Salz gut hängen.

Man kann kaum aufhören!

Knusprige Chips fühlen sich im Mund fantastisch an. Außerdem bestehen sie aus drei Zutaten, die Glückhormone ausschütten: Salz, Zucker und Fett. Tatsächlich braucht unser Körper diese Stoffe, aber nur in kleinen Mengen. Ein Chips ist allerdings schnell aufgegessen, und schon isst man den nächsten, und den nächsten … Es ist nicht leicht, die Kontrolle zu behalten! Leider haben Chips einen hohen Kaloriengehalt und es kann zu Gesundheitsproblemen führen, wenn man zu viele davon isst.

Krabben-Chips
bestehen hauptsächlich aus Reis

Mais

Dieses goldene, süß schmeckende Getreide kommt ursprünglich aus Mexiko, wo es bereits seit 9000 Jahren gegessen wird. Heute ist Mais überall auf der Welt zu finden und wird auf tausenderlei Weisen zubereitet.

Schnelles Wachstum

Mais ist ein schnell wachsendes Getreide. Aus den im Frühjahr ausgesäten Körnern entwickeln sich Pflanzen, die bis zu 3 Meter hoch werden! Ihre Maiskolben erntet man im Herbst.

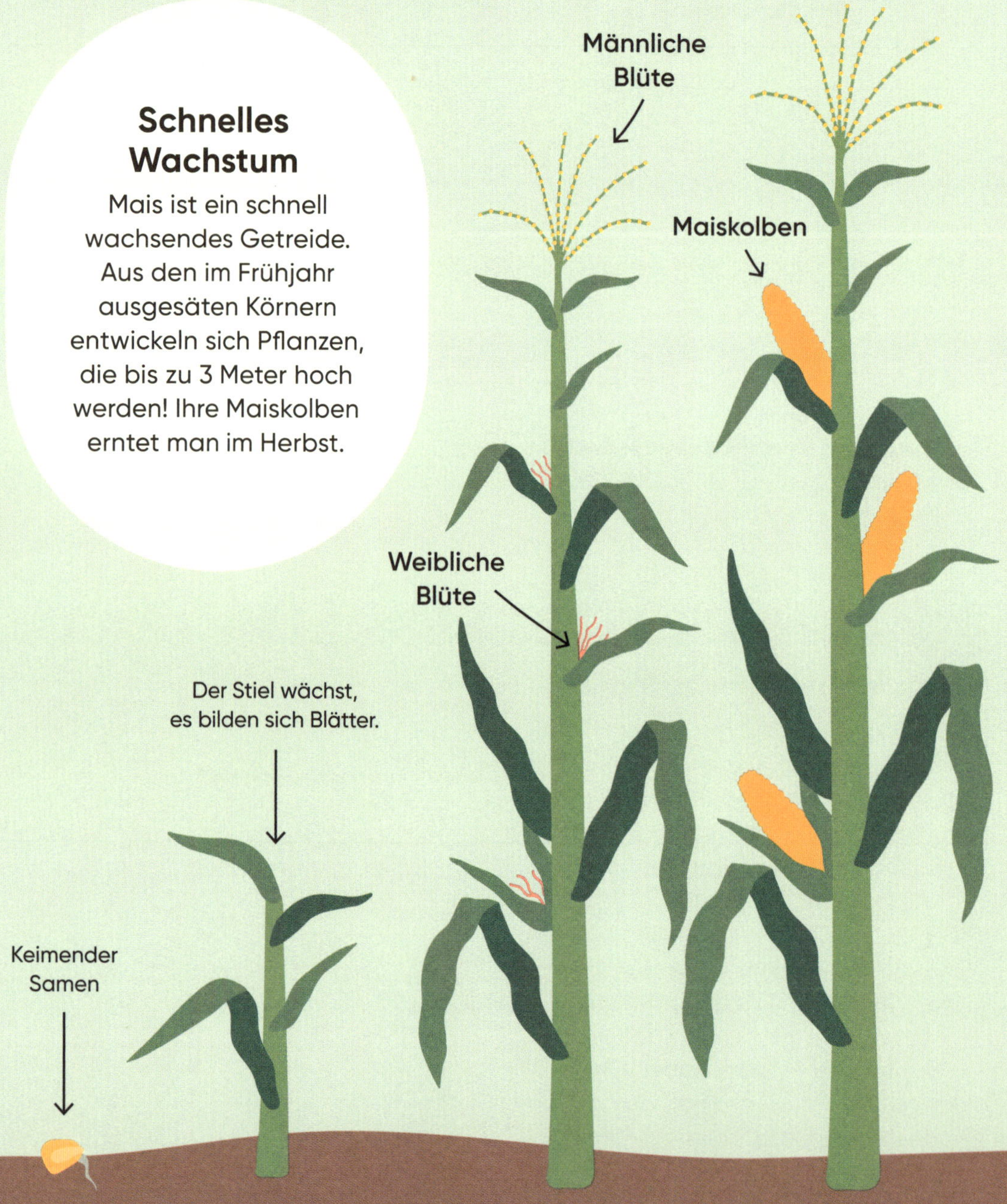

Getreide Nummer eins!

Mais ist das Getreide, das weltweit am meisten angebaut wird, noch vor Weizen und Reis – und zwar nicht nur für die menschliche Ernährung! Er wird auch als Viehfutter genutzt und für die Herstellung von Alkohol, Kleber, Kosmetikprodukten usw.

Bunter Mais

1994 kam ein US-Amerikaner auf die Idee, mehrere alte, verschiedenfarbige Maissorten miteinander zu kreuzen. Es gelang ihm, bunten Mais zu züchten, der »Regenbogen-Mais« oder »Glass Gem« genannt wird.

Formenvielfalt

Popcorn

So heißen die kleinen salzigen oder süßen Wölkchen, nach denen seit Jahrzehnten die Kinosäle duften. Ihre Erfindung könnte auf die Ureinwohnenden Mittelamerikas zurückzuführen sein: Archäologinnen und Archäologen haben aufgeplatzte Maiskörner in aztekischen Grabstätten gefunden.

Ein Zauberwagen

Zum großen Glück aller Spaziergängerinnen und Spaziergänger erdachte der US-amerikanische Zuckerbäcker Charles Cretors 1893 einen fantastischen Wagen, an dem er Popcorn, gegrillte Erdnüsse, heiße Maronen und Kaffee machen konnte.

Die Sorte »Puffmais« platzt auf, wenn sie über 180 °C erhitzt wird.

Vom Maiskorn zum Popcorn

Und puff!

Maiskörner enthalten kleine Mengen Wasser, die sich bei Kontakt mit Hitze in Dampf verwandeln. Dieser Dampf lässt die Kornwände sich ausdehnen, bis sie platzen.

Zwei Formen

Popcorn platzt auf zwei Weisen auf: Die Schmetterlingsform erinnert auch an einen Zahn oder eine Blüte, während die Pilzform ganz rund ist. Letztere wird meist für von Schokolade oder Karamell umhülltem Popcorn genutzt. Bei manchen Maiskreuzungen können Sorten ausgewählt werden, die nur die eine der beiden Formen ergeben.

Schmetterlingsform

Pilzform

Die rot-weißen Streifen der Popcornbehälter erinnern noch heute an die Markisen der einstigen Verkaufswagen.

Kein Kino ohne Popcorn!

Anfang des 20. Jahrhunderts begleiteten Popcornwagen bereits Wanderzirkusse und -theater. Noch waren sie in den Kinosälen nicht willkommen: Erstens gab es nur Stummfilme und niemand sollte durch die Kaugeräusche der Sitznachbarn gestört werden. Zweitens war das Kino der gehobenen Gesellschaft vorbehalten und Popcorn war keine sehr raffinierte Speise. Allerdings durfte es vor den Kinos an kleinen Ständen verkauft werden.

In den 1920er Jahren waren die Kinos schließlich der breiten Bevölkerung zugänglich. Und weil das Popcorn so beliebt war, entschlossen sich die Kinobetreiber, es in ihren Sälen selbst zu verkaufen.

Heute ist Popcorn aus dem Kino nicht mehr wegzudenken. Der Pocornverkauf kann nämlich bis zu 50% des Umsatzes von Kinos ausmachen.

Der Kürbis

Jeden Herbst feiert der Kürbis sein großes Comeback. Sein weiches und süßes Fruchtfleisch stärkt uns als Suppe oder aus dem Ofen. Und es gibt tausenderlei Kürbis-Sorten!

Wie weiß man, ob ein Kürbis reif ist?

Man braucht nur leicht auf den Kürbis zu klopfen. Wenn es dumpf und hohl klingt, ist es Zeit, den Kürbis zu essen.

Eine große Familie

Halloween-Symbol

Jedes Jahr am 31. Oktober höhlen wir Kürbisse aus, verpassen ihnen ein fieses Grinsen und stellen Kerzen hinein: Es ist Halloween!

Chili

Chili stammt aus Süd- und Mittelamerika und braucht Sonne und Hitze, um gut zu wachsen. Es ist berühmt-berüchtigt für seine Schärfe und wird zum Würzen benutzt.

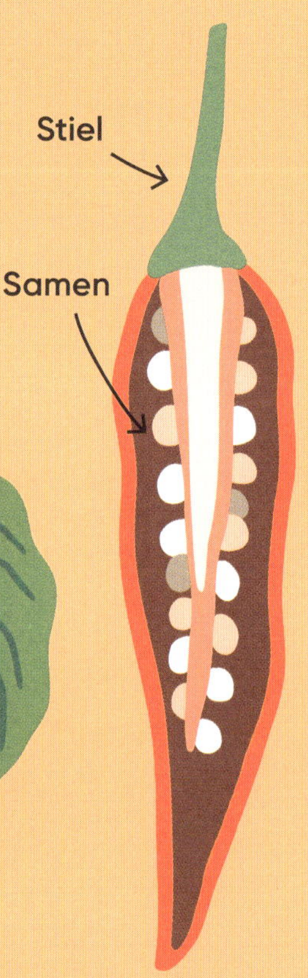

Grün oder rot?

Die Farbe von Chili-Schoten weist auf ihren Reifegrad hin. Im Allgemeinen wechseln alle von grün (unreif) zu rot (reif). Pflückt man sie aber, bevor sie reif sind, bleiben sie grün (oder orange).

Chili oder Paprika?

Chili und Paprika gehören zur gleichen Art: *Capsicum annuum*. Die 1912 von dem Pharmakologen Wilbur Scoville festgelegte Scoville-Skala ordnet die verschiedenen Sorten von sehr mild bis sehr scharf.

Warum brennt's auf der Zunge?

Vor allem das Herz und die Samen von Chili enthalten Capsaicin. Dieses Molekül sendet, wenn es mit den Mundschleimhäuten in Verbindung kommt, ein Signal ans Gehirn, das es wie ein Verbrennungsgefühl interpretiert.

Tut gar nicht weh

Ein einziger Vogel kann Chili problemlos fressen, da er ihre Schärfe nicht spürt: der Halsbandsittich.

Zieh eine Paprika-Pflanze!

1. Halbiere eine Paprika und löse die kleinen Samenkörner heraus.

2. Füll Pflanzenerde in einen Topf, leg einige Samen darauf und bedecke sie mit 1 cm Erde. Stell den Topf in ein etwa 20 °C warmes Zimmer an ein Fenster mit viel Sonne.

3. Behalte die Erde im Auge und gieß sie ab und zu. Optimal ist es, die Samen zwischen Februar und April zu pflanzen, damit sie sich bestmöglich entwickeln können, sobald es warm wird.

4. Es dauert ungefähr 20 Wochen, bis kleine Paprika zu sehen sind.

Getreide

Getreidekörner werden meist gekocht oder gemahlen, um Mehl daraus zu gewinnen. Getreide ist sehr vollwertig, nahrhaft und sorgt für eine ausgewogene Ernährung.

Glutenhaltig

Mit oder ohne Gluten

Manche Getreidesorten enthalten das Protein Gluten. Leute, die allergisch auf Gluten reagieren oder eine Gluten-Intoleranz haben, dürfen diese Getreide auf keinen Fall essen.

Reis

Reis wird seit 10.000 Jahren angebaut und ist ein sehr nahrhaftes und bekömmliches Getreide. Man kann Reis in Wasser kochen, dämpfen und sogar mahlen, um Mehl herzustellen.

Reiskörner wachsen an Rispen am Halmende.

Ein feines Häutchen schützt jedes Reiskorn. Um weißen Reis zu erhalten, wird dieses Häutchen entfernt, bei Vollkornreis oder braunem Reis bleibt es am Korn. Deswegen ist dieser Reis nährstoffreicher.

Die Reispflanze wurzelt in Erde, die unter Wasser steht.

Nasse Füße

Reis ist ein Getreide, das auf riesigen, unter Wasser stehenden Reisfeldern angebaut wird. Obwohl Reis auf allen Kontinenten wachsen kann, finden 90 % der weltweiten Produktion in Asien statt!

Muss man Reis vor dem Kochen waschen?

Indem man den Reis wäscht, entfernt man die Stärke, die die Reiskörner zusammenkleben lässt. Ob man ihn wäscht oder nicht, hängt also davon ab, welches Reisgericht man kochen möchte. Für Risotto braucht man zum Beispiel klebrigen Reis, Basmati-Reis hingegen soll nicht klebrig sein.

Eine große Familie

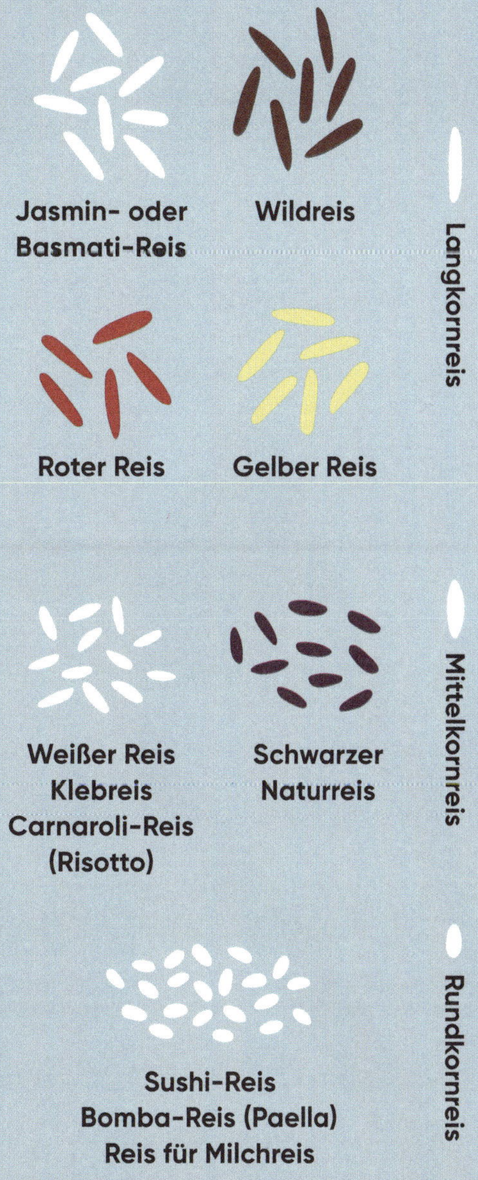

Wichtiges Nahrungsmittel

Reis gehört zu den meistverzehrten Getreidesorten der Welt. Für mehr als die Hälfte der Weltbevölkerung ist Reis Bestandteil fast jeder Mahlzeit!

Sushi

Seit den 1990er Jahren ist Sushi in der ganzen Welt verbreitet. Das traditionelle japanische Gericht wird oft mit Sojasauce, Ingwer und Wasabi gegessen – und es gibt hunderte Sorten!

Woher das Wort »Sushi« kommt

Su bedeutet auf Japanisch »Essig« und *shi* bedeutet »Reis«. Sushi-Reis wird mit Reisessig zubereitet, der ihm Geschmack verleiht.

Was man zum Sushi isst

salzige oder süße **Sojasauce**, um die Sushi hineinzutunken

Der **Ingwer** wird zwischen den verschiedenen Sushi gegessen, um den Mund zu »reinigen«.

Wasabi ist eine sehr scharfe Paste, die aus der gleichnamigen, mit Meerrettich verwandten Pflanze gemacht wird. Industriell hergestelltes Wasabi besteht übrigens häufig aus Meerrettich und Farbstoff.

Die Entwicklung von Sushi

Ein altes Rezept namens *nare-zushi* bestand darin, Fisch in gesalzenem Reis zu fermentieren, um ihn haltbar zu machen. Der Reis wurde danach weggeworfen. Erst als man beim Zubereiten auch Essig benutzte, wurde der Reis Bestandteil des Gerichts. Sollte diese Zubereitungsart tatsächlich der Sushi-Vorläufer sein, so würde es ursprünglich nicht nur aus Japan, sondern aus diversen Regionen Südostasiens stammen.

Kopfbedeckung des Sushi-Meisters

Geduldsarbeit

Man braucht 10 Jahre Erfahrung, um Sushi-Meister zu werden! In den ersten Jahren dürfen Auszubildende keinen Fisch schneiden und noch nicht mal Reis kochen! Sie erledigen kleinere Arbeiten und beobachten die großen Meister.

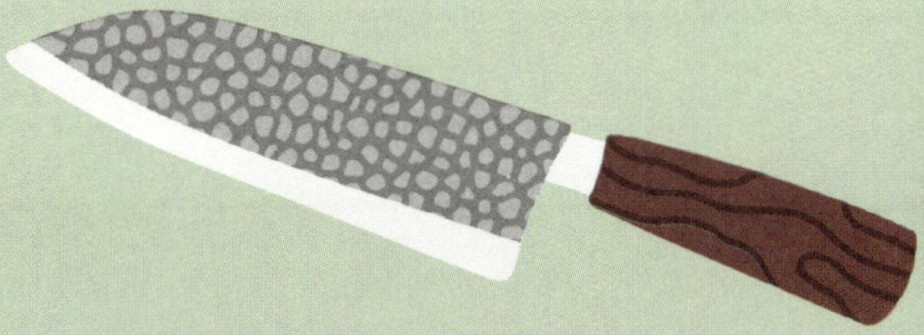

Das Santoku ist ein spezielles Messer, an dem dank seiner Klinge mit wabenförmigen Vertiefungen beim Sushi-Schneiden nichts hängen bleibt.

Brot

Brot ist ein universelles Produkt: Seit Jahrhunderten ernährt es die Menschheit überall auf der Welt. Brot steht für Alltag und besondere Gelegenheiten zugleich – es ist das Herzstück kulinarischer Traditionen.

Vier einfache Zutaten

Mehl
ist die Hauptzutat von Brot. Es bestimmt die Konsistenz, den Geschmack und die Farbe des Brotes.

Hefe
bildet Kohlenstoffdioxid, wenn sie mit im Mehl enthaltenem Zucker in Kontakt kommt. Das lässt den Teig aufgehen.

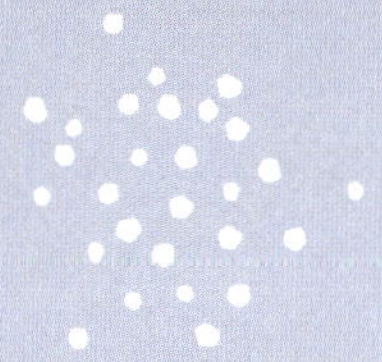

Salz
für den Geschmack und eine schöne Krustenbildung beim Backen

Wasser
ist das Bindemittel.

Einen Toast ausbringen

In England gab man im 18. Jahrhundert einen Weinbecher mit einer gerösteten Brotscheibe darin herum, während man eine kurze Rede auf das Wohl einer am Tisch sitzenden Person hielt. Später wurde der Trinkspruch selbst »Toast« genannt und so ins Deutsche übernommen.

Woher das Wort Sandwich kommt

1762 bat John Montagu, Graf von Sandwich, seinen Koch um ein einfaches Mahl, das er würde verspeisen können, ohne sein Kartenspiel zu unterbrechen. Der Koch servierte ihm Fleisch und Käse zwischen zwei Brotscheiben. Der Imbiss war ein voller Erfolg und wurde zu einer regionalen Spezialität, die man zu Ehren des Grafen nach ihm benannte.

In aller Frühe

Um 3 Uhr morgens klingelt der Wecker. Während alle anderen noch im warmen Bett liegen, sind die Bäckerinnen und Bäcker schon auf den Beinen! Sie beginnen mit der Vorbereitung des Brotteigs. Während der Teig aufgeht, widmen sich die Bäckerinnen und Bäcker Kuchen und Gebäck. Sobald der Brotteig fertig aufgegangen ist, werden Teiglinge geformt und gewogen, denn alle sollen das gleiche Gewicht haben. Der Teig wird eingeschnitten, damit er gut aufgeht und schön aussieht. Und dann ab in den Ofen! Die gebackenen Brote müssen nun auskühlen – aber nicht ganz, denn die Kundschaft schätzt warmes Brot! Das frische Backwerk ist fertig und die Bäckerei kann öffnen.

Arme Ritter

1. Gib 1 Tasse Milch, 2 Esslöffel Zucker, 1 Prise Zimt und, wenn du willst, 1 Ei in einen tiefen Teller und verrühr alles gut.
2. Leg die trockenen Brotscheiben hinein und warte einige Minuten, bis sie die Flüssigkeit aufgesogen haben.
3. Brate die Brotscheiben in einer leicht eingefetteten Pfanne von beiden Seiten je 5 Minuten goldbraun an.
4. Richte deine Armen Ritter mit Beeren an – schmeckt köstlich!

Nudeln

Ob als Beilage, überbacken oder in der Suppe: Nudeln kosten nicht viel, sind leicht zuzubereiten und eignen sich für eine Menge leckere Rezepte. Sie werden aus Mehl, Wasser, Salz und manchmal Eiern hergestellt – mehr braucht man nicht!

Formen-Spektakel

Es gibt mehr als 300 verschiedene Nudelformen! Hohle Nudeln nehmen leicht dickere Saucen auf, längliche eignen sich besser für flüssigere Saucen. Manche Nudeln sind gefüllt und andere werden im Ofen zubereitet.

Farbenfrohe Nudeln

Das für den Teig verwendete Mehl beeinflusst die Farbe der Nudeln. Aber man kann bei der Herstellung auch natürlich gefärbte Lebensmittel hinzufügen.

Getrocknet oder frisch?

Getrockneten Nudeln wurde bei der Herstellung Wasser entzogen, damit sie sich leichter verkaufen lassen und länger haltbar sind. Es dauert etwa 10 Minuten, sie zu kochen. Frische Nudeln hingegen haben noch Wasser im Teig. Sie halten sich maximal 4 bis 5 Tage und es dauert nur 2 bis 4 Minuten, sie zu kochen.

Al dente!

Das italienische *al dente* bedeutet »bissfest«. Dieser kulinarische Ausdruck bezieht sich auf die perfekte Kochdauer von Pasta: Sie muss beim Verzehr zart, aber leicht fest sein. In Italien ist es verpönt, zu weiche Nudeln zu essen!

Aus China oder aus Italien?

Was für eine uralte Debatte! Über ein Jahrhundert lang wurde angenommen, es sei Marco Polo zu verdanken, dass die Nudeln aus China ihren Weg nach Italien gefunden hätten. Und es stimmt: Die ältesten Nudel-Spuren stammen von vor 4000 Jahren in China. Andere Fossilienfunde in Griechenland und dem Nahen Osten belegen jedoch, dass dort alle möglichen Nudeln schon lange vor Marco Polos Reise gekocht wurden. Wie dem auch sei! Wenn der genaue Ursprung der Nudeln sich auch schwer nachweisen lässt, steht doch eines fest: In China wurden Nudeln erfunden – und in Italien Pasta.

Schlürf!

Seine Nudeln geräuschvoll zu essen, ist in Japan ein Kompliment an die Köchin oder den Koch und bedeutet: »Es schmeckt sehr gut!« Andernorts gilt Schlürfen eher als unhöflich.

Schokolade

Schokolade ist zart und schmilzt auf der Zunge ... Wer mag sie nicht?! Obwohl diese Süßigkeit gar nicht so einfach herzustellen ist, wird sie in großem Stil verkauft.

Eine seltsame Frucht

Um Schokolade zu machen, braucht man Kakaobohnen. So werden die Samen aus den großen, rugbyballförmigen Früchten des Kakaobaums genannt.

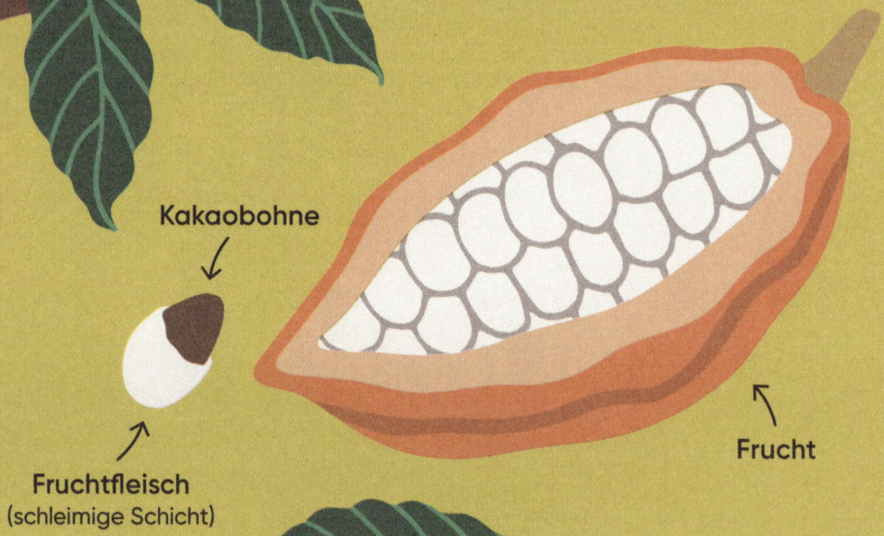

Hau drauf!

Mit einer Machete werden die Kakaofrüchte aufgeschlagen, um die Kakaobohnen herauszuholen.

Die Früchte wachsen direkt am Stamm oder an den dicken Hauptästen. Wenn sie reif sind, werden die roten Früchte orange und die grünen gelb.

Der Anbau von Kakaobäumen

Der Kakaobaum wächst in der tropischen Klimazone am Äquator, also in Asien, Lateinamerika und Afrika. Hier, genauer gesagt an der Elfenbeinküste und in Ghana, werden die meisten Kakaobäume angebaut. Und das ist leichter gesagt als getan, denn sie brauchen viel Feuchtigkeit und wachsen nur im Schatten anderer Bäume. Außerdem entwickelt sich nur aus einer von 500 Blüten eine Frucht!

Kakao – ein altehrwürdiges Getränk

Schon die Azteken kochten ein Getränk aus zerstoßenen Kakaobohnen, Gewürzen und Wasser. Sie nannten es *xocóatl*, was »bitteres Wasser« bedeutet und vermutlich der Ursprung unseres Wortes »Schokolade« ist. Mit Zucker wurde der Kakao erst nach seiner Ankunft in Europa getrunken, da die hiesigen Adligen ihn süßer bevorzugten.

Von der Kakaobohne zur Schokolade

1

Ernte der Früchte

in Afrika, Südamerika oder Indonesien

2

Fermentierung der Kakaobohnen in Bottichen

3

Trocknung der Kakaobohnen in der Sonne

4

Transport der Kakaobohnen

in Jutesäcken per Schiff oder Flugzeug in Länder der nördlichen Erdhalbkugel (Europa, USA, Japan usw.)

5

Rösten der Kakaobohnen

damit ihre Aromen sich besser entfalten.

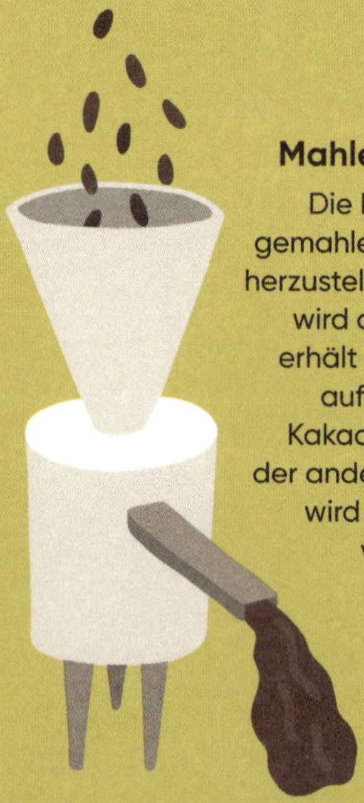

6

Mahlen und Pressen

Die Bohnen werden gemahlen, um Kakaomasse herzustellen. Diese wiederum wird ausgepresst – so erhält man Kakaobutter auf der einen und Kakaopresskuchen auf der anderen Seite. Letzterer wird zu Kakaopulver verarbeitet.

7

Mischen und Kneten der Schokolade

Kakaomasse, Zucker, Kakaobutter und Milch werden so lange gerührt, bis ein homogener Teig entsteht.

8

Temperieren der Schokolade

Für eine glatte Textur wird der Teig bei bestimmten Temperaturen geschmolzen.

9

Gießen der Schokolade

In der Form kühlt die noch flüssige Schokolade ab und härtet aus.

10

Verpacken

Jetzt kann die Schokolade verkauft und verzehrt werden!

Dunkle Schokolade

Wird aus Kakaomasse, Zucker und Kakaobutter gemacht.

Milchschokolade

Wird aus Kakaomasse, Zucker, Kakaobutter und Milchpulver gemacht.

Weiße Schokolade

Wird aus Kakaobutter, Zucker und Milchpulver gemacht. Diese Schokolade enthält keine Kakaomasse, deshalb ist sie weiß!

Haselnuss-Streichcreme

1. Verteile 150 g Haselnüsse auf einem Backblech und röste sie 10 Minuten bei 180 °C. Nimm sie dann aus dem Ofen und lass sie abkühlen.

2. Reib die Haselnüsse mit einem Geschirrtuch ab. So kannst du ihre Haut grob entfernen.

3. Püriere die Haselnüsse in einem Mixer, bis ein glatter Brei entsteht.

4. Füge 2 Esslöffel Kakao, 1 Esslöffel Zucker (außer, wenn dein Kakao schon gesüßt ist), 3 Esslöffel Kokosöl, 1 Esslöffel Mandelmilch und eine Prise Salz hinzu. Mixe sie nun nochmals.

5. Gib die Mischung in ein Schraubglas. Bei Zimmertemperatur hält sie sich ungefähr eine Woche.

Parmesan aus Nüssen

1. Gib 150 g Nüsse und Kerne deiner Wahl (Haselnüsse, Cashew- oder Sonnenblumenkerne usw.) in einen Mixer.
2. Füge 3 Esslöffel Hefeflocken und 1 Teelöffel Salz hinzu.
3. Mixe alles so lange, bis du ein feines Pulver hast.
4. Füll deinen Nuss-Parmesan in eine Schale. Bei Zimmertemperatur kannst du ihn mehrere Wochen aufbewahren und immer mal wieder über Pasta, Pfannkuchen und Risotto streuen!

Nüsse und Kerne

Cashewkerne sind die Samen des Cashewbaumes. Sie wachsen unten am Cashewapfel.

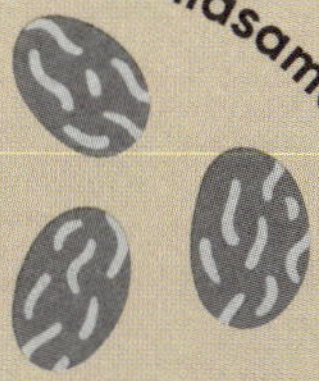

Sesam ist eine Pflanze mit schönen, hellrosa Blüten. Ihre minikleinen Samen können Farbtöne zwischen Schwarz und Weiß haben.

Ist dir schon aufgefallen, dass Chiasamen wie winzige Dinosauriereier aussehen?

Alles, was gut ist!

Nüsse und Samen werden angebaut, um sie roh, gegrillt, als Snack, zum Frühstück oder in Salaten zu essen oder sie zu Öl, Butter oder Milch zu verarbeiten. Sie sind reich an Proteinen, Eisen, Vitaminen und Ballaststoffen und damit sehr gesund. Außerdem sind sie hübsch und machen sich gut als Deko auf egal welchem Gericht!

Diese Samen stammen aus den Zapfen der Pinie.

Flachsblüten verwandeln sich in Früchte, die die Samen enthalten.

Hülsenfrüchte

Hülsenfrüchte trumpfen auf unserem Teller so richtig auf: Sehr verschieden in Form und Geschmack, sind sie noch dazu unglaublich protein- und ballaststoffreich.

Erbsen oder Bohnen?

Beide gehören zur gleichen Familie. Auseinanderhalten kann man sie an ihren Samen: Bohnen haben ovale Samen, Erbsen runde.

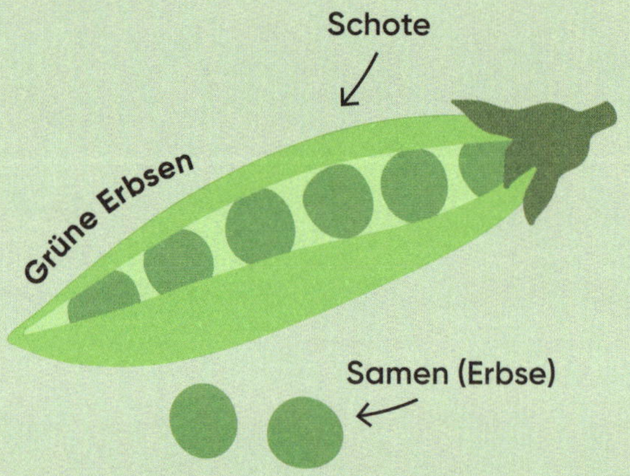

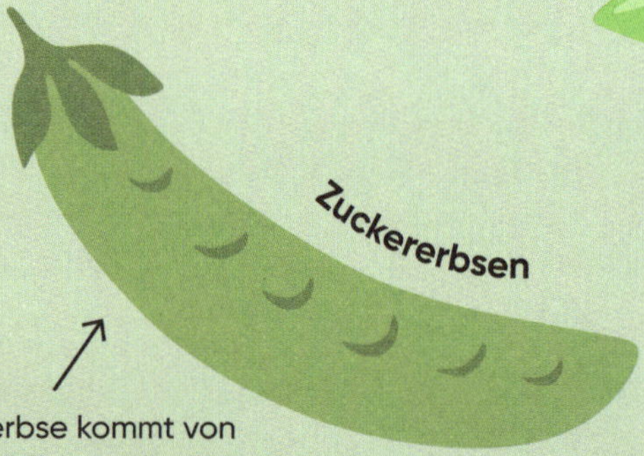

Die Zuckererbse kommt von derselben Pflanze wie die Grüne Erbse. Der Unterschied besteht darin, dass die Schoten der Zuckererbse geerntet werden, bevor die Samen reif sind.

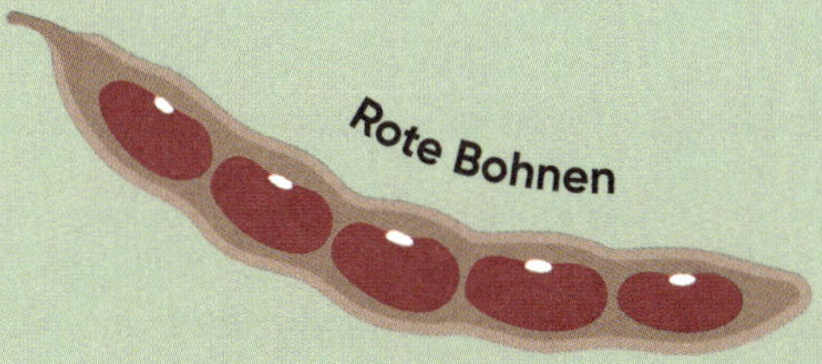

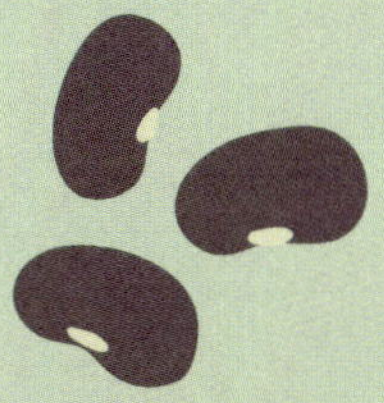

Samen in Schoten

Die essbaren Samen der Hülsenfrüchte entwickeln sich in Schoten, die wie kleine Schlafsäcke aussehen. Wie viele Samen eine Schote enthält, kann sehr unterschiedlich sein!

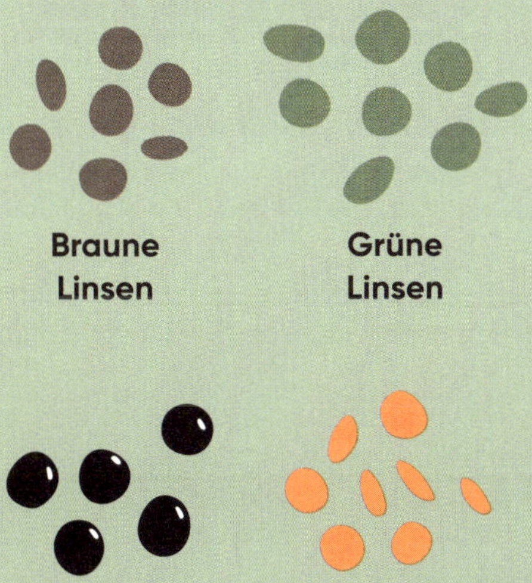

Tofu

In Asien wird Tofu schon seit Langem zubereitet. Auf anderen Kontinenten landet er erst seit einigen Jahren auf dem Teller.

Lieber weich oder fest?

Tofu gibt es in vielerlei Formen. Seidentofu gibt man in Miso-Suppen oder benutzt ihn zum Backen. Fester Tofu hingegen lässt sich gut marinieren. Man kann ihn auch frittieren oder panieren.

Tofuherstellung

1

Herstellung von Sojamilch

Sojamilch erhält man, indem man Sojabohnen mit Wasser im Mixer püriert.

2

Gerinnung

Man fügt der Sojamilch Kalziumsulfat und Nigari (ein Gerinnungsmittel) hinzu und lässt sie gerinnen.

3

Pressen

Die Milch und die im Gerinnungsprozess entstandenen Klumpen werden zu festen Blöcken gepresst.

Überraschung!

Wenn man zum ersten Mal Tofu probiert, hat man vielleicht den Eindruck, er sei schwammartig und fade. Man kann ihn jedoch auf tausenderlei Weisen zubereiten, die überraschend unterschiedlich schmecken.

Weniger Fleisch essen

Tofu steht oft auf dem Speiseplan von Personen, die sich vegetarisch oder vegan ernähren. Tofu ist reich an Proteinen und deshalb eine gute Fleischalternative.

Würzmittel

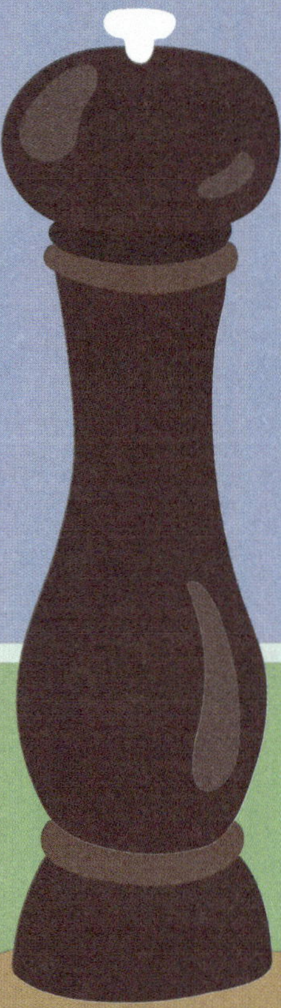

Pfeffer
erhält man von den getrockneten und dann gemahlenen Beeren einer Pflanze, die Pfefferstrauch heißt.

Salz
gewinnt man durch Verdunstung von Meerwasser oder durch Abbau in Salzbergwerken.

Sojasauce
wird aus Sojabohnen und Weizen hergestellt.

Öl
gewinnt man aus ausgepressten Oliven, Sonnenblumenkernen, Rapssamen, Nüssen, Leinsamen usw.
Essig
wird meistens aus Weintrauben gemacht, aber auch aus Äpfeln, Reis, Datteln, Feigen usw.
Mayonnaise
ist eine Mischung aus Öl, Ei, Essig, Senf und Zitrone.
Senf
wird aus den Samen der gleichnamigen Pflanze gemacht.

Gewürze

Paprikapulver
wird aus getrockneten und dann gemahlenen Paprika oder Peperoni hergestellt.

Kreuzkümmel
ist eine orientalische, stark duftende Pflanze. Die Samen werden gemahlen oder ungemahlen als Gewürz genutzt.

Kurkuma
ist eine Pflanze, deren unterirdische Sprosse (Rhizome) zu Pulver gerieben werden.

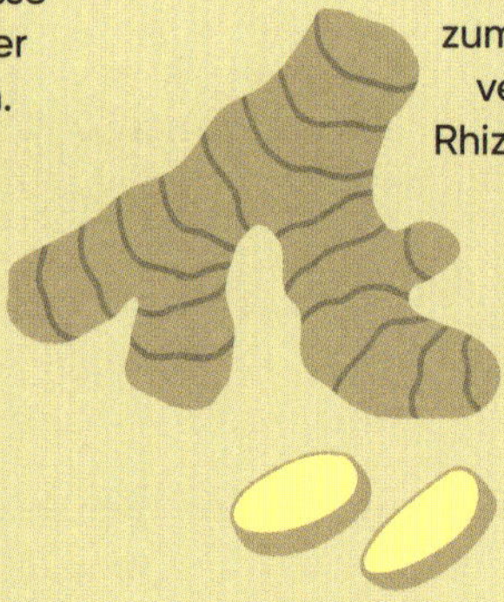

Ingwer
kommt frisch oder als Pulver zum Einsatz. Wie bei Kurkuma verzehren wir das Ingwer-Rhizom. Beide Pflanzen ähneln sich sehr.

Safran
wird aus den roten Griffeln (oder »Narben«) einer Blüte gewonnen, die Krokus heißt. Gibt man Safran ins Kochwasser, überträgt sich sein Aroma auf die Speise und färbt sie gelb.

Und Curry?

Curry ist kein einzelnes Gewürz, sondern eine Mischung aus verschiedenen Gewürzen. Meistens besteht sie aus Koriander, Kreuzkümmel und Kurkuma.

Muskatnuss

kann man als Pulver kaufen oder selber reiben. Ihr Geschmack verleiht Pürees, Saucen und Suppen das gewisse Etwas.

Zimt

stammt vom Zimtbaum, dessen Rinde man für Zimt streifenweise abschält und trocknet.

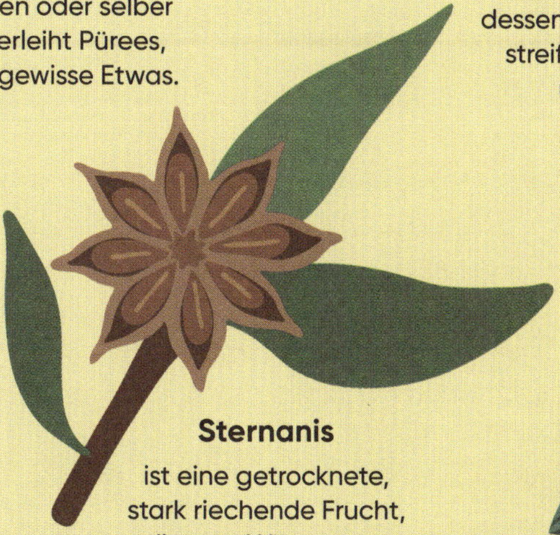

Sternanis

ist eine getrocknete, stark riechende Frucht, die zum Würzen von Glühwein, asiatischen Brühen und indischen Getränken verwendet wird.

Vanille

Die Früchte der Vanillepflanze nennt man Vanilleschoten. Mit einem Messer löst man die darin enthaltenen winzigen Samen heraus. Sie geben unseren Desserts Geschmack.

Kardamom

gehört wie die Vanille zu den Orchideen-Pflanzen. Ihre Samen nutzt man gemahlen oder als Ganzes.

Kräuter

Thymian
Basilikum
Dill
Schnittlauch
Salbei
Petersilie
Rosmarin
Koriander
Oregano
Minze

Pflanzliche Milch

Wer trinkt sie?

Pflanzliche Milch wird vor allem von Leuten getrunken, die Kuhmilch nicht gut vertragen oder die aus ökologischen oder ethischen Gründen auf tierische Milchprodukte verzichten.

Zucker

Zucker ist überall! In Limonade, Keksen, Bonbons, aber auch in Früchten und Getreide. Nicht alle Zuckerarten haben denselben Einfluss auf unseren Körper.

Ist Zucker ungesund?

Unser Organismus braucht Zucker, um ihn in Energie umzuwandeln. Zucker ist ein Treibstoff! Zu viel Zucker kann allerdings zu gesundheitlichen Problemen führen: Karies, Übergewicht, Diabetes … Aufs richtige Maß kommt es an!

Natürlicher oder zugesetzter Zucker

Manche Lebensmittel enthalten natürlichen Zucker – zum Beispiel Obst, Milch und sogar Pasta! Bonbons, Keksen und Limonade hingegen wird bei ihrer Herstellung Zucker »zugesetzt«. Zugesetzter Zucker ist nicht unbedingt schlechter als natürlicher. Den Unterschied macht das jeweilige Lebensmittel selbst aus: Eine Frucht liefert auch Ballaststoffe und Vitamine, während ein Keks viel mehr Zucker enthält und deshalb eher ungesund ist.

Von der Rübe zum Zucker

1

Anbau

Auf den Feldern werden die Zuckerrüben geerntet.

2

Waschen und Schneiden

Auf den Förderbändern einer Fabrik werden die Rüben gewaschen und in Stücke geschnitten.

3

Diffusion

Die Rübenschnetzel lässt man in heißem Wasser ziehen, um ihren Rohsaft herauszulösen.

4

Verdampfen

Das Wasser verdampft und zurück bleibt nur der Zucker, der anschließend kristallisiert wird.

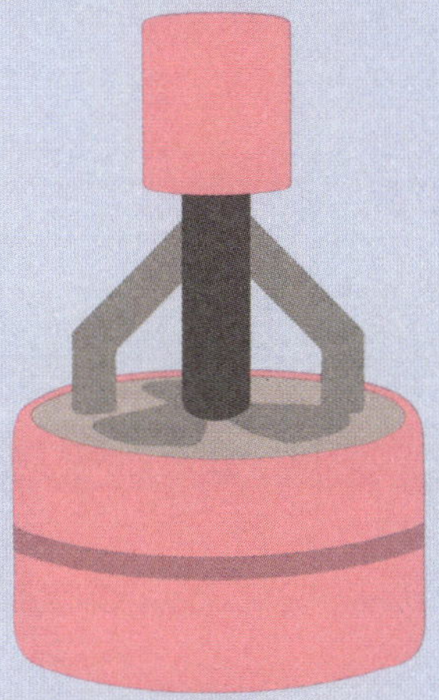

5

Raffinieren

In riesigen Zentrifugen wird der Zucker gewaschen und geschleudert, bis er vollkommen trocken ist.

6

Verpacken

Der lose oder zu Würfeln gepresste Zucker kann verpackt und verkauft werden.

Zwei Pflanzen, zwei Zuckerarten

Weißer Raffinadezucker wird aus Zuckerrüben, einem Wurzelgemüse, hergestellt. Rohrzucker dagegen macht man aus Zuckerrohr: aus hohen, schilfähnlichen Gräsern. Was ihren Nährwert angeht, nehmen sich die beiden Zuckerarten nichts!

Eis

Der Sommer ist da! Wir tragen leichte Kleidung, sind viel an der frischen Luft, die Sonne geht erst spät unter, wir fahren mit der Familie in den Urlaub ... Außerdem ist es die Jahreszeit, wo wir zur Erfrischung Eis essen!

Mit oder ohne Sahne?

Sorbets und Wassereis werden mit Wasser zubereitet, andere Eisvarianten mit Sahne, Milch oder gar Eiern.

Glücklicher Zufall

1905 hatte sich der elfjährige Amerikaner Frank Epperson aus Sirup und Wasser eine Limo zubereitet, sie mit einem Stäbchen umgerührt, dann aber zu trinken vergessen und draußen stehen lassen. Früh am nächsten Morgen war sein Getränk gefroren! Er zog seine Eis gewordene Limo an dem Stäbchen heraus: Sie schmeckte köstlich! Das Eis am Stiel war geboren! Mit 18 Jahren meldete er ein Patent an und wurde Eis-Fabrikant.

Eis aus den Bergen

In der Antike verlangte der römische Kaiser Nero winters wie sommers Eis für seine Bankette. Seine Diener mussten auf Berge klettern und von dort frischen Schnee holen, mit dem das Eis zubereitet wurde. Damit er auf dem Weg nicht schmolz, wurde der Schnee in Pelze eingewickelt. Serviert wurde er mit Obst und Honig vermengt, ein dem heutigen Sorbet ähnliches Rezept.

Schnee-Eis

1. Gib frischen, sauberen Schnee in eine Müsli-Schale.

2. Verrühre in einer anderen Schale ½ Teelöffel Vanille-Extrakt, 1 Esslöffel Zucker und 8 Esslöffel Kokosmilch (am besten direkt aus dem Kühlschrank).

3. Nun den Schnee unter den Milch-Mix heben und behutsam mischen, bis du eine Eis-Konsistenz erhältst. Fertig!

Kleine Geschichte der Geburtstagstorte

Quellentexten zufolge buken die Alten Griechen der Mondgöttin Artemis zu Ehren Honigkuchen, die so rund wie der Mond waren. Und sie zündeten kleine Kerzen an, die die Honigkuchen im Dunkeln leuchten ließen.

Zur Feier seines Geburtstages Kerzen auf einer Torte auszublasen, ist historisch betrachtet ein recht junges Ritual. Bis zum Ende des Mittelalters feierte man keine Geburtstage – die Leute kannten nicht einmal ihr Geburtsdatum!

1802 kam dem deutschen Schriftsteller Goethe anlässlich seines 53. Geburtstags die Idee, seinen Gästen einen Kuchen mit 53 Kerzen aufzutischen. Womöglich wurde die Tradition in diesem Moment begründet!

Getränke

Wasser

Das reinste Getränk, das es gibt! Weltweit trinken Menschen Wasser: Regenwasser, Grundwasser, Wasser von Gletschern, aus Seen usw.

Eistee

Das ultimative Sommergetränk wird wie warmer Tee zubereitet, aber kalt getrunken. Eistee ist oft sehr zuckerhaltig, außer, wenn man ihn selber macht!

Obstsaft

Ob Orangen-, Apfel- oder Aprikosensaft: Fruchtsäfte lassen sich endlos kombinieren und geben eine Menge Energie!

Limonade

bedeutete ursprünglich eine Mischung aus Wasser mit oder ohne Kohlensäure, Zitronensaft und Zucker. Heute ist Limonade immer kohlensäurehaltig und ihr werden pflanzliche oder – häufiger – künstliche Aromen und manchmal Farbstoffe zugesetzt.

Saftschorle

besteht aus Obstsaft, der mit genauso viel oder etwas mehr Wasser, meistens mit Kohlensäure, gemischt wird.

Sirup

ist ein Konzentrat aus Obst, Zucker und oft auch künstlichen Aromen. Es kann alle möglichen Farben haben. Vor dem Trinken wird es mit reichlich Wasser aufgegossen.

Zur Erfrischung

Zum Aufwärmen

Heiße Schokolade
besteht aus Kakaopulver und Milch. Man kann sie mit einer Haube aus Schlagsahne krönen.

Tee
Für schwarzen, grünen oder weißen Tee lässt man Blätter der Teepflanze in heißem Wasser ziehen.

Kräutertee
Für Kräutertee lässt man Pflanzen- oder Blütenteile in heißem Wasser ziehen.

Kaffee
wird aus gerösteten und gemahlenen Kaffeebohnen und Wasser gemacht. Kaffee trinken nur Erwachsene, denn er regt das Nervensystem an.

Milch
stammt von Tieren (Kühen, Schafen, ...) oder Pflanzen (Mandeln, Soja, ...).

Wintergetränke

Wenn der Winter kommt, gibt es nichts Besseres als eine Tasse Tee oder heiße Schokolade, um sich aufzuwärmen. Dazu Kekse essen, drinnen im Warmen sitzen und durchs Fenster zusehen, wie draußen der Schnee fällt – traumhaft!

Tierische Produkte

Bis jetzt hast du in diesem Buch eine große Lebensmittel-Vielfalt kennengelernt, die (fast) ausschließlich aus Pflanzen gewonnen werden. Aber auch tierische Produkte spielen bei der Ernährung eine große Rolle.

Milchprodukte

Macht Käse süchtig?

Milchprodukte wie Käse sind wahre Trostspender. Man könnte fast süchtig nach ihnen werden! Für dieses Phänomen gibt es eine biologische Erklärung: Milch enthält das Protein Casein, das beim Baby eine Abhängigkeit hervorruft, damit es immer wieder Milch trinken will und so überlebt. Casein kann bis ins Erwachsenenalter ein Wohlgefühl verursachen!

Andere tierische Produkte

Doppelbezeichnungen

Die Tiere, die wir essen, nennen wir manchmal anders, wenn wir als Nahrungsmittel über sie sprechen. Zum Beispiel wird aus der Kuh dann Rind(fleisch) und aus dem Huhn Hühnchen(fleisch).

Schweine-Bonbons?

Für die Herstellung von Süßigkeiten wird in den Laboren oft Schweine- oder Rindergelatine genutzt. In der Liste der Inhaltsstoffe auf der Verpackung versteckt sich Gelatine hinter den Abkürzungen E428 oder E441.

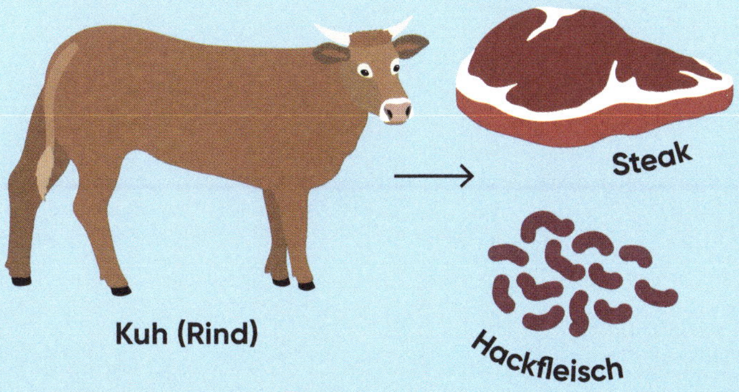

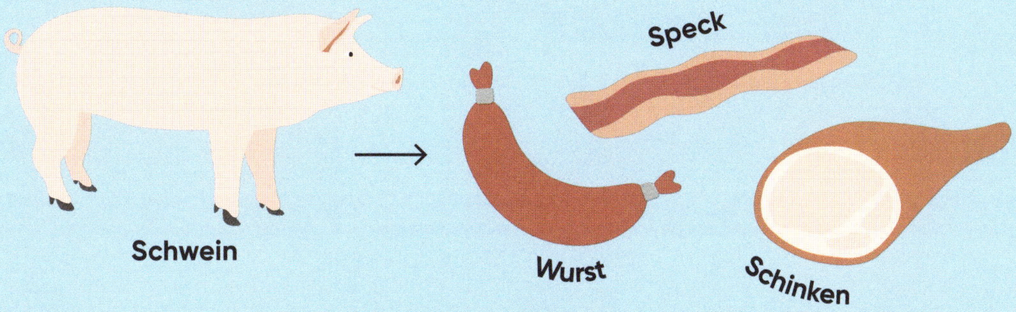

Tierische Produkte aus dem Meer

DU BIST DRAN!

In der Küche!

Die Küche ist ein magischer Ort: Dort verwandeln sich Zutaten in prächtige Gerichte, köstliche Kuchen und wundervolle Suppen!

Was würdest du in dieser Küche machen?

Würdest du ein Stück Käse aus dem Kühlschrank stibitzen? Oder vielleicht die Suppe abschmecken? Oder doch lieber einen Keks aus dem Glas im Regal mopsen?

Mit allen Sinnen

Schmecken

Dieser Sinn lässt uns wissen, ob wir Essen mögen oder nicht. Süß oder salzig, bitter oder sauer: die Bandbreite an Geschmacksrichtungen ist riesig!

Sehen

Die glänzende Kruste von Hefegebäck, die perfekte Rundung eines Donuts ... Ob wir Lust haben, etwas zu essen, hängt auch davon ab, wie schön wir es finden: Das Auge isst mit!

Hören

Das Geräusch eines Messers, das auf einem Brettchen eine Zucchini schneidet, Fett, das in der Pfanne brutzelt, Chips, die beim Kauen knuspern ... Geräusche sind ein fester Bestandteil unserer Ess-Rituale!

Riechen

Eine köchelnde Suppe, der exotische Duft einer Mango … Was gut riecht, lässt uns das Wasser im Mund zusammenlaufen – und zeigt uns gleichzeitig, dass ein Lebensmittel frisch ist.

Essen und Emotionen

Was fühlst du, wenn du an einen Pfirsich, ein Croissant, Endivien oder eine Tomate denkst? Lust, Ekel, Erstaunen, Freude, Neugierde … Je nachdem, an welche Lebensmittel wir gerade denken, können sehr unterschiedliche Emotionen hervorgerufen werden.

Berühren

Aprikosenschale hat einen samtigen Flaum, Kiwischale ist ein bisschen stachlig. Wenn wir mit den Fingern kochen oder essen, wird unser Tastsinn angeregt.

Allergien und Unverträglichkeiten

Unsere Körper sind alle verschieden und haben ein unterschiedliches genetisches Erbe. Da kommt es vor, dass manche Personen bestimmte Dinge nicht vertragen. Was bedeutet das?

Allergien

Der Körper wehrt sich gegen bestimmte Lebensmittel. Dabei können unterschiedlichste Symptome auftreten – von einfachen Pickeln bis hin zu gravierenden Atemproblemen. Man kann allergisch auf Erdnüsse, Gluten, Obst, Eier, Senf, Schalentiere und vieles andere reagieren.

Achte auf dich!

Wenn du nach dem Essen oft Bauchweh hast, schickt dir dein Körper Zeichen, die darauf hinweisen, dass du ein bestimmtes Lebensmittel nicht verdauen kannst. Bei deiner Ärztin kannst du Allergietests machen lassen, um herauszufinden, was deinem Körper guttut.

Spitzenreiter

65 %
der Weltbevölkerung
sind laktoseintolerant!

Unverträglichkeiten

Einer Person mit einer Intoleranz fehlen die Enzyme (vom Körper produzierte Proteine), die dafür sorgen, dass bestimmte Lebensmittel gut verdaut werden. Bei einer Unverträglichkeit sind die Symptome (Blähbauch, Schwindel, Durchfall) nicht so schlimm wie bei einer Allergie. Am verbreitetsten sind die Laktose- und die Glutenintoleranz: Laktose ist in Milch, Sahne und in einigen Käsesorten enthalten, Gluten in Brot und Pasta.

Lebensmittel-verschwendung stoppen

Weltweit landet ein Drittel aller Lebensmittel im Müll – sei es zu Hause, in Geschäften oder Restaurants. Das ist hinausgeworfenes Geld und unnötiger Energieverbrauch. Aber was können wir tun, um nicht mehr so viel Essen zu verschwenden?

Den Einkauf planen

Schreib eine Einkaufsliste! Das hilft dabei, keine Lebensmittel zu kaufen, die du nicht rechtzeitig essen kannst und deshalb wegwerfen musst.

Die Vorräte organisieren

Stell Lebensmittel, die schnell verbraucht werden müssen, im Kühlschrank nach vorn in die erste Reihe. So werden sie nicht vergessen und am Ende weggeschmissen.

Aufs Verfallsdatum achten

Lies sein Mindesthaltbarkeitsdatum, bevor du ein Produkt kaufst, und überlege, ob du es rechtzeitig verbrauchen kannst. Wenn du zu Hause ein Produkt findest, dessen Ablaufdatum bereits vorbei ist, riech daran und schau es dir genau an, bevor du es wegwirfst. Es kann vielleicht immer noch gegessen werden.

Reste bitte einpacken

Wenn du im Restaurant deinen Teller nicht schaffst, lass dir die Reste einpacken und iss sie am nächsten Tag zu Hause auf.

Die Augen größer als der Hunger

Nimm dir in der Mensa, der Kantine oder am Buffet lieber mehrmals, als deinen pickepackevollen Teller nicht aufzuessen.

Verpackung vermeiden

Die Lebensmittel, die wir kaufen, sind oft verpackt. Ob bei seiner Herstellung oder bei der Müllverwertung: Verpackungsmaterial verschmutzt unsere Umwelt! Dabei gibt es viele Möglichkeiten, Abfall zu vermeiden.

Ab in den Beutel!

Nimm eine Tüte von zu Hause mit, anstatt im Geschäft eine zu kaufen.

Unverpacktes kaufen

In manchen Geschäften kannst du unverpackte Lebensmittel kaufen und sie in von zu Hause mitgebrachte Behälter füllen. Fast alles bietet sich dafür an: Pasta, Reis, Nüsse, Linsen, Öl usw.

Auf direktem Weg

Du kannst deine Lebensmittel direkt vom Bauernhof oder auf dem Markt kaufen. So entsteht gar kein Abfall.

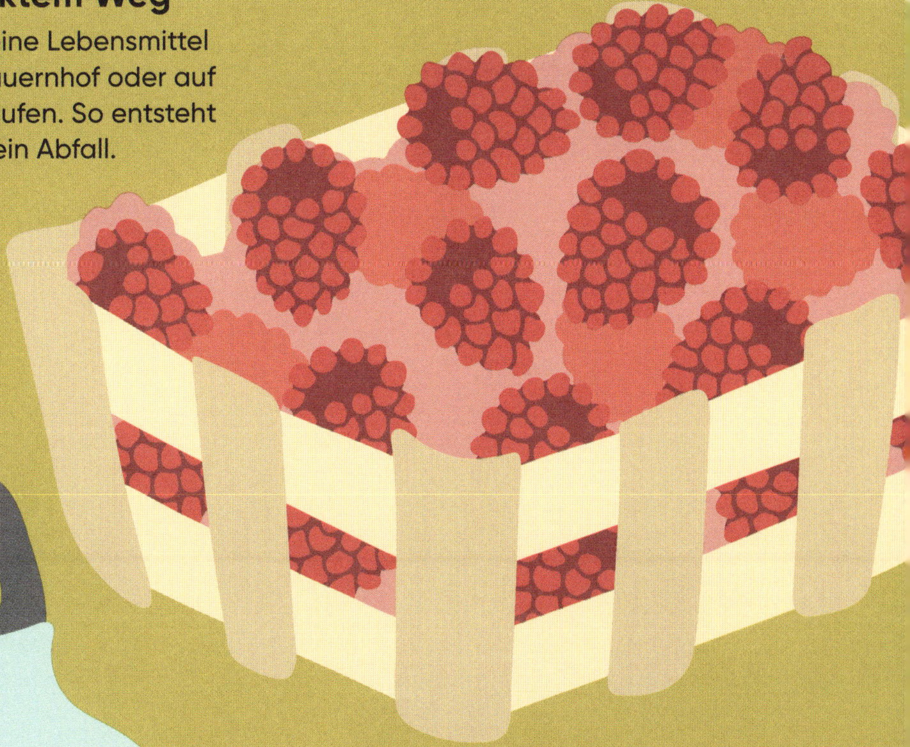

Trinkflasche dabei?

Nimm deine eigene Trinkflasche mit, wenn du unterwegs bist. Dann musst du keine Plastik- oder Glasflaschen kaufen, die weggeworfen oder recycelt werden müssen, sobald du sie ausgetrunken hast.

Und das Recycling?

Viele Verpackungen lassen sich wiederverwerten, zum Beispiel Pappe, Glas oder Metall. Noch besser ist es aber, auch darauf zu verzichten. Denn auch Recycling verbraucht Energie.

Überlege, was du isst

Dir zuliebe

Alles, was du zu dir nimmst, wird von deinem Körper verdaut oder gespeichert. Es kann gut oder schlecht für deine Gesundheit sein. Überlege also, was du isst: Das ist eine Möglichkeit, auf dich zu achten und fit zu bleiben.

Du hast die Wahl!

Solange wir klein sind, essen wir, was unsere Eltern uns vorsetzen. Sobald wir erwachsen sind, können wir frei entscheiden, was wir essen wollen und was nicht.

Der Umwelt zuliebe

Die Entscheidung, was wir zu uns nehmen, beeinflusst auch die Umwelt – zum Beispiel keine übermäßig verpackten Produkte, saisonales Obst und Gemüse zu kaufen oder weniger Fleisch zu essen. Übrigens ist für die Fleischproduktion viel Wasser nötig und sie trägt zur Abholzung der Wälder bei. Das von Kühen ausgeschiedene Methangas ist ein Hauptgrund für die Klimaerwärmung.

Omnivore Ernährung
Omnivore Personen essen alles.

Flexitarische Ernährung
Flexitarische Personen essen nur sehr gelegentlich Fleisch.

Vegetarische Ernährung
Vegetarierinnen und Vegetarier essen kein Fleisch und keinen Fisch, wohl aber andere tierische Produkte wie Milch oder Eier.

Vegane Ernährung
Veganerinnen und Veganer essen überhaupt keine tierischen Produkte (Fleisch, Fisch, Honig, Eier, Milcherzeugnisse, ...). Sie verzichten auch auf andere Produkte, für die Tiere ausgebeutet werden: Sie kaufen kein Leder, keine Pelze und nichts, was an Tieren getestet wurde.

Schau auf die Seite
hello.helvetiq.com/de/natur-auf-dem-teller
und lade Zusatzmaterialien für zu Hause herunter!

DU BIST DRAN!

Vorlagen für deine eigene Rezepte-Sammlung zum Ausdrucken

Druck dein eigenes Memory aus

Die Autorin über das Buch

Ich heiße Lisa Voisard und ich wurde 1992 in Lausanne in der Schweiz geboren. Ich bin Illustratorin, Grafikerin und Musikerin. Kochen ist für mich ein kreativer, fast meditativer Prozess! Im Frühling genieße ich den ersten Spargel, im Sommer kann ich von Nektarinen nicht genug kriegen, im Herbst wärme ich mich mit Kürbissuppe auf und im Winter schätze ich leckeres Kartoffelpüree. Mit mir lieben Menschen zusammen zu essen ist mir heilig. Auf ewig werde ich mich an die Polenta meiner Nonna erinnern, an die Pizza meines Papas, an den Gemüsekuchen meiner Mama, an die Brownies und Currys meiner Cousinen, an die Lasagne meiner Tante ...
Meine eigenen Spezialitäten sind übrigens Erdnussbutter-Kekse und selbstgemachte Pasta!

Ich habe eine Laktoseintoleranz und mit 18 Jahren beschlossen, kein Fleisch mehr zu essen. Deshalb koche ich meistens vegan: Diese Ernährungsweise passt am besten zu mir. Diese Besonderheiten haben mich dazu gebracht, mich mehr für Ernährung zu interessieren. Ich bin davon überzeugt, dass alle ihr Verdauungssystem gut kennen sollten, um besser darauf achtgeben zu können. Mein Motto: Probieren und ausprobieren ... vor allem aber gut essen!

Danke!

An Aude Pidoux, Nadia Aeberli, Hadi Barkat und das gesamte Helvetiq-Team für ihre wunderbare Arbeit bis zum Erscheinen dieses Buches, für die Werbung und für ihr uneingeschränktes Vertrauen in mein Projekt.

An Marie Bole-Feysot und Julien Leuenberger vom Naturéum in Lausanne (Schweiz) für ihr wissenschaftliches Lektorat; an Malik Beytrison und an Yvan Schneider für ihre genaue Prüfung der Texte; an Marie Ganguillet und an Isabelle Schwager für ihre visuellen Ratschläge.

An meine ganze Familie und den mir Nahestehenden, die mich bei all meinen Abenteuern unterstützen.

An die Natur, die so viele schöne Dinge zum Anschauen und Essen für uns bereithält!